KLEINLASTER LIEFERWAGEN

KLEINLASTER LIEFERWAGEN

HISTORISCHE DOKUMENTE AUS DEM ERSTEN JAHRHUNDERT

KLAUS HOLL

Schrader Verlag

Einbandgestaltung: Andreas Pflaum
unter Verwendung von Unterlagen aus dem Archiv des Autors.

ISBN 3-613-87185-8

1. Auflage 1999

Lektorat: Halwart Schrader
Innengestaltung: Viktor Stern
Repro: digi bild reinhardt, 73037 Göppingen
Druck: Rung-Druck, 73033 Göppingen
Bindung: E. Riethmüller, 70176 Stuttgart
Printed in Germany

INHALT

Warum Ihren Transport durch hohe Instandhaltungskosten fuer veraltetes Transportmaterial verteuern ?

ZU DIESEM BUCH

WIE DEFINIERT MAN DEN KLEINEN LASTWAGEN?

Es sei erlaubt, eine Frage an den Anfang zu stellen: Wie definiert man den kleinen Lastwagen?

Heute richtet man sich nach dem Gesamtgewicht, während früher die Nutzlast zur Klassifizierung der Fahrzeuge verwendet wurde. Ein Eintonner hatte also früher eine Tonne Nutzlast, während man heute unter einem 3,5-Tonner ein Fahrzeug versteht, dessen zulässiges Gesamtgewicht dreieinhalb Tonnen beträgt. Wenn man bedenkt, daß in den frühen dreißiger Jahren ein 5-Tonner (also ein Lkw mit 5 Tonnen Nutzlast) der schwerste handelsübliche Zweiachser war, so kann man ermessen, in welche Dimensionen sich die Branche entwickelt hat.

Ein Buch über die Geschichte der Nutzfahrzeugwerbung konfrontiert uns mit zahlreichen Markennamen, die es längst nicht mehr gibt. Wie abwechslungsreich war der Besuch einer Automobilaussstellung in den dreißiger und noch in den fünfziger Jahren! Eine nach heutigem Verständnis noch recht primitive Technik ermöglichte Produktionsvolumen, die teilweise so gering waren, daß sich heute kein Unternehmen damit am Markt halten könnte.

Häufig standen nur kleine Budgets für eine wirkungsvolle Werbung zur Verfügung. Deshalb gibt es von vielen interessanten Fahrzeugen auch nur relativ einfache Prospektblätter. Andererseits gab es Firmen, von denen man den Eindruck hatte, daß sie mehr Geld in die Kataloge investierten als in die Produktion ihrer Fahrzeuge.

Bei den Kleinsttransportern unterschied man zwei Konstruktionen: Den »Vorderlader«, bei dem sich die Ladefläche vor dem Fahrer befand, und den »Hinterlader« mit einer Ladefläche hinter dem Fahrersitz. Gerade bei den Kleinstlastwagen entwickelte sich ein heißer Konkurrenzkampf. Einige rundeten mit solchen Fahrzeugen Ihre Produktionsprogramm nach unten ab, andere bauten primitive Motorfahrzeuge in der Hoffnung, damit genug Geld zu verdienen, um alsbald »richtige« Lastwagen herstellen zu können. Borgward und Tempo sind solche Beispiele.

Der typische Leichtlastwagen war jedoch auf einem schweren oder verstärkten Personenwagen-Chassis aufgebaut. So kam auch Ford mit seinem T-Modell und den späteren TT-Varianten zum Lastwagen heraus. Das höhere Geschwindigkeitspotential dieser Konstruktionen führte zur Verwendung der Bezeichnung »Schnellastwagen«. Daraus entstanden eigenständige Baureihen wie der DAAG Typ NAC2 von 1921 oder der ÖAF Typ AFN von 1924. Hier kamen die Vorteile der in diesem Segment sich durchsetzenden Riesenluftreifen zum Tragen, wie dies Prof. Gabriel Becker in ~~von~~ der Versuchsanstalt für Kraftfahrzeuge der Technischen Hochschule zu Berlin an dem von ihm entwickelten DAAG Typ zeigte.

Transporter, also im Prinzip eckige Blechkisten auf Rädern, entstanden mit dem Aufkommen der Ganzmetallbauweise nach dem Zweiten Weltkrieg. Kennzeichnend ist die Unterbringung von Fahrer, Motor und Ladefläche innerhalb eines mehr oder weniger kubischen Raumes. Das gab es zwar vor dem Zweiten Weltkrieg auch schon bei einigen Elektrofahrzeugen und beim Hanomag Dreivierteltonner-Lastwagen, einer Variante des berühmten »Komißbrots« sowie beim Magirus Typ M10. Aber dieses Fahrzeuge waren als Pritsche mit offenem bzw. geschlossenem Fahrerhaus konzipiert.

Oben: *Willy Ostner fertigte unter der Marke O.D. vor dem Krieg in Dresden Drei- und Vierradlieferwagen. Nach dem Krieg baute er in Sulzbach-Rosenberg eine neue Fabrik auf und begann, einen weiterentwickelten Einheits-Eintonner mit Ford-Motor zu produzieren. 1953 stellte er noch einen 1,5-Tonner mit IHC-Diesel vor. 1955 verkaufte er an Faun.*

Einflußreich waren der frontgetriebene Citroen T.U.B., dessen Prototyp im April 1939 auf der Basis des Citroen 7 CV vorgestellt wurde, sowie der 1937 präsentierte rundliche Kurzhauber von Divco aus Detroit, USA. Er setzte die vorher nur bei wenigen Elektrolieferwagen (z.B. Brockway und Twin Coach, dort auch mit Benzinmotor) verwirklichte Idee des »Walk-Through-Prinzips« mit seinem Ganzmetallaufbau und seitlichen Klappschiebetüren durch und wurde so der Prototyp aller Milch- und Paketpostfahrzeuge. Auch die heute so beliebten Vans waren damit erfunden, denn auch ein Van ist nichts anderes als ein Transporter mit gehobener Ausstattung und größerer Verglasung. Nach dieser Definition könnte man den Alfa Romeo F 12 der Urvater aller Vans bezeichnen.

Viele Leser haben den Wunsch nach aufführlicher technischer und firmenhistorischer Information geäußert. Dem wird hier Rechnung getragen. Freuen Sie sich also auf eine bunte Zeitreise durch die Geschichte leichter Nutzfahrzeuge.

Obwohl die Übergänge fließend sind, sollen Pkw-Kombiwagen und davon abgeleitete Lieferwagenversionen nicht Thema dieses Buches sein. Es würde den Rahmen sprengen.

Klaus Holl

Oben: *Eine klassische Unternehmenskarriere stellt die der Adlerwerke, vorm. Heinrich Kleyer AG, in Frankfurt am Main, dar, gegründet 1880. Man stellte Fahrräder und Schreibmaschinen her, 1899 folgte das erste Automobil mit De-Dion-Motor. Wie die meisten Autohersteller wurde Adler während des Ersten Weltkrieges zum Nutzfahrzeugproduzenten. 1926 stellte Adler eine neue Nutzfahrzeuggeneration vor. Das Programm wurde mit dem Anderthalbtonner L9 auf dem Chassis des Adler-Standard nach unten erweitert. Der L9 hatte einen Vierzylindermotor mit 2,3 Liter Hubraum und 32 PS. Doch schon 1929 wurde der Nutzfahrzeugbau aufgegeben, und auch der Pkw-Bau wurde nach dem Zweiten Weltkrieg nicht mehr aufgenommen. Adler stellte zeitweilig Zweiräder, schließlich nur noch Büromaschinen her, bis Olivetti das Werk übernahm.*

Unten: *Kurz nach der Jahrhundertwende begann die Allgemeine Electricitäts-Gesellschaft in Berlin mit dem Bau von Elektrofahrzeugen. Später wurde ein Programm von Elektrolastwagen entwickelt, das 1925 um den 3-Tonner EL 3002 und den 5-Tonner EL 5002 erweitert wurde. Im zweiten Weltkrieg gab die AEG den Fahrzeugbau wieder auf.*

Die italienische Firma Aermacchi besteht seit 1905 und baute ursprünglich Flugzeuge und Motorräder. Nach dem Zweiten Weltkrieg entstanden in Varese Dreirad-Lieferwagen, auch wurden Büssing-Fahrzeuge importiert und unter dem Namen Macchi verkauft. Eine Tochterfirma baute in Arzignano in den sechziger Jahren unter der Bezeichnung Aerdiesel dieses Dreirad mit 750 kg Nutzlast und 24-PS-Slanzi-Diesel bzw. einem 30-PS-Lombardi-Diesel. 1971 entstand in Varese das Unternehmen Bremach, das dieses Dreirad weiterbaute und bis heute mit Kleinlastwagen im Geschäft ist. Die Motorrad-Sparte wurde 1960 von Harley-Davidson übernommen.

1929 stieg der Sportwagenhersteller Alfa Romeo über eine Deutz-Lizenz für Dieselmotoren und über eine Geschäftsverbindung mit Büssing ins Lastwagengeschäft ein. 1954 erschien der Transporter Romeo, ein moderner Eintonner mit Frontantrieb, Einzelradaufhängung und mit einem Zweizylinder-Zweitaktdiesel mit 30 PS; alternativ gab es einen Vierzylinder-Benziner mit zwei obenliegenden Nockenwellen aus der Guilietta, gedrosselt auf 35 PS. Im Nachfolgemodell F12, ebenfalls mit Frontantrieb, hatte man die Leistung dieses Motors auf 65 PS angehoben. Hinzu kamen Spezialversionen für die Policia. Neben dem Grundtyp E12 gab es eine ganze Familie von Varianten, von der Pritsche A12/A11 bis zum F12 Schulbus. Wahlweise war auch ein Perkins-Diesel mit 1,8 Liter Hubraum erhältlich. 1964 wurde der Bau schwerer Lastwagen eingestellt; drei Jahre später erweiterte Alfa Romeo das Programm um Lizenzbauten der Saviem-Modelle Goelette und Galion, die als A 15 auf den Markt kamen. Ab 1978 gab es eine Variante des Fiat Daily als Alfa Romeo AR8.

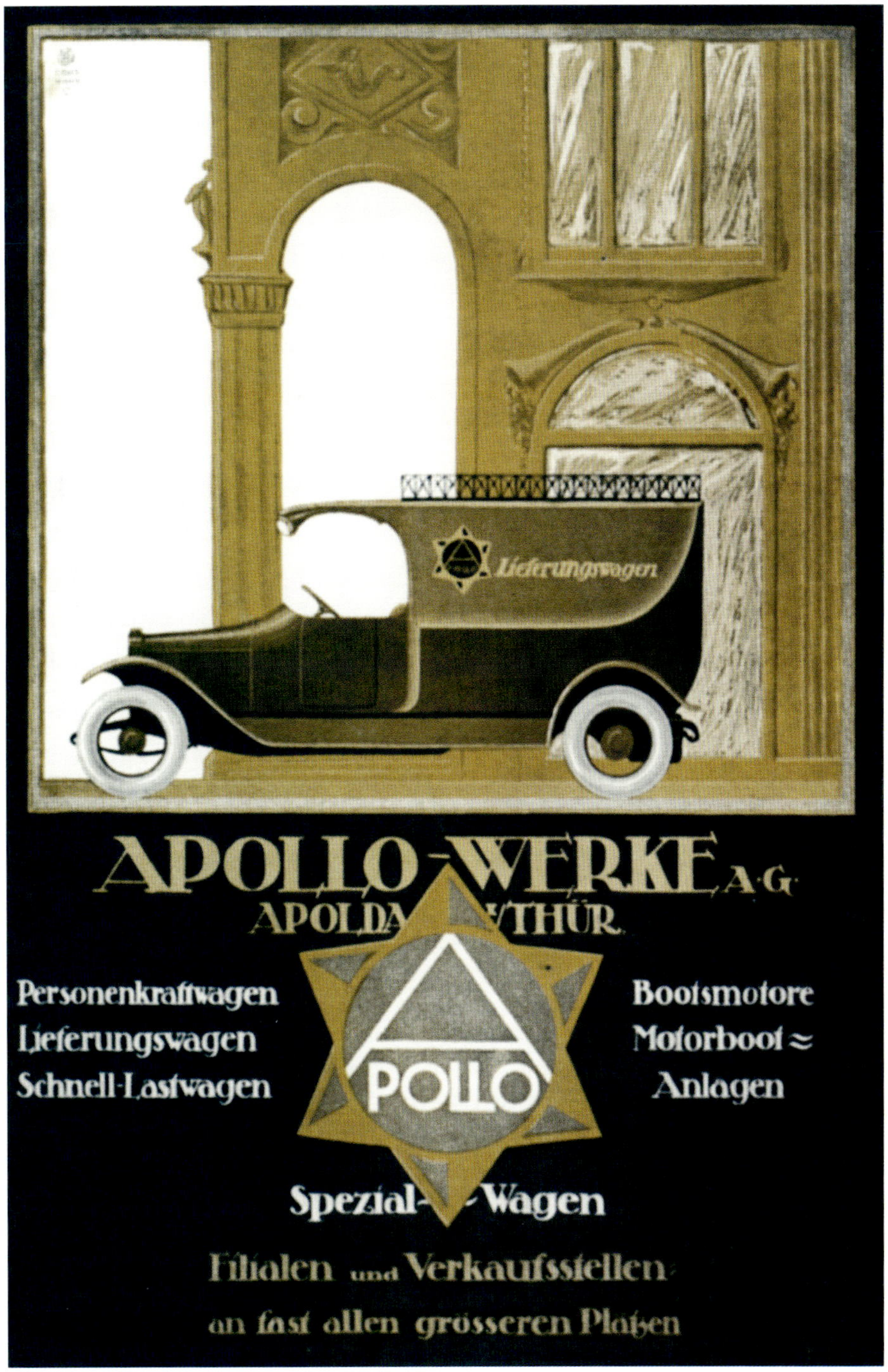

Links: *Interessant ist die ausgesprochen zivile Aufmachung dieser Anzeige im Motor vom September/Oktober 1917, also in einer Zeit, in der die Mitbewerber ausschließlich militärische Motive wählten. Die Apollo-Werke in Apolda bauten von 1904 bis 1927 Kraftfahrzeuge, wobei der Apollo Lieferungswagen vermutlich auf den Apollo Personenwagenmodellen N, K und L mit Motoren von 24, 30 oder 40 PS Leistung basierte. 1924 wurde ein Schnellastwagen mit 30 PS-Motor vorgestellt, ließ sich jedoch nicht mehr erfolgreich vermarkten.*

1908 bot Austin seinen ersten Lieferwagen an; leichte Nutzfahrzeuge blieben seither eine Spezialität des Unternehmens aus Birmingham. Auch den Austin Seven, in Deutschland bekannt geworden durch die Lizenzausgabe BMW 3/15 PS, gab es als Lieferwagen.

1949 erschien der erste Austin Transporter in Form des 25 cwt Three Way Van, ein Frontlenker mit kurzem Radstand. 1951 wurden Austin und die Nuffield Gruppe (Morris) zur Britisch Motor Corporation vereinigt. Die Firmen behielten jedoch Zeit ihre Marken-identiät bei, wenn ab 1954 auch die Nutzfahrzeugtypen vereinheitlicht wurden. Interessant sind die Light Commmercials auf Basis des A40. Diese Karosserien gehen in der Eigenständigkeit ihrer Konstruktion weit über einen einfachen Kombi hinaus.

Ende der sechziger Jahre wurden die Firmierungen unübersichtlicher. 1968 ersetzte die Bezeichnung BMC die Markennamen Austin und Morris bei den schwereren Lastwagen, zwei Jahre später wurde Britisch Leyland (BL) gegründet. Dies führte dazu, daß ein Fahrzeug in kurzer Zeit vier verschiedene Namen und natürlich auch Typenbezeichnungen bekam. Ende der sechziger Jahre waren in England Eintonner- und Eineinhalbtonner-Frontlenker mit geräumigem Aufbau und Schiebetür populär. Für den Austin LD gab es wahlweise einen 61-PS-Benziner oder einen 55-PS-Diesel. Beides waren Vierzylinder mit 2,2 Liter Hubraum.

Unten: *1960 schloß Bajaj in Poona (Indien) mit Piaggio einen Lizenzvertrag über die Herstellung von Vespa Motorrollern und Ape Lastendreirädern. Dabei handelte um eine halboffene Variante, dem heißen Klima des Landes entsprechend. Auch von Exporterfolgen in andere Länder der dritten Welt berichtet Bajaj. Zum Einsatz kommt immer noch der luftgekühlte Einzylinder-Zweitakter mit 5,7 PS bei 5000 U/min. Neben den abgebildeten Aufbauvarianten ist die Auto-Rikscha mit dreisitzigem Heckteil sehr beliebt.*

Oben: *Die Automotores Argentinos bauten von 1950 bis 1961 in Buenos Aires Pickups und Transporter. Anfangs wurden sie nur mit einem Willys Vierzylinder von 2150 ccm Hubraum geliefert, später kamen ein Fiat- und ein Simca-Motor hinzu. Von 1961 bis 1966 wurden noch NSU-Personenwagen in Lizenz montiert.*

Framo ging 1958 in den VEB Barkas-Werke Karl-Marx-Stadt (Chemnitz) auf. 1961 war Produktionsbeginn des B 1000, ein Eintonner mit dem 42 PS starken 992-cc-Zweitaktmotor des Wartburg. Ab 1964 wurde ein Produktionsprogramm mit verschiedenen Varianten vom Achtsitzer Kombi bis zum Pritschenwagen gebaut. Notarztwagen, Kleinlöschfahrzeuge und Drehleitern folgten. Der Barkas B 1000 konnte auch im westlichen Ausland gewisse Exporterfolge verbuchen. Noch heute sieht man beispielswise in Belgien solche Fahrzeuge im Einsatz. Doch auch der Einbau eines 1,3-Liter-VW-Motors anstelle des Zweitakters im Jahre 1989 konnte den Barkas nicht vor dem Ende schützen.

Bedford ist die Marke für Nutzfahrzeuge der GM-Tochter Vauxhall. in Luton, England, entstanden für die Nachfolger der bis 1929 dort montierten Chevrolet-Lastwagen. Erstes Modell war ein Zweitonner, der den Brüdern von GM und Opel recht ähnlich sah. Ab 1932 bot Bedford ein komplettes Programm vom Lieferwagen bis zum Bus an, danach gab es immer auch Lieferfahrzeuge, die auf Vauxhall Personenwagen basierten.
In Ablösung der Vorkriegstypen erschien 1952 der CA 10 cwt, der im abgebildeten Prospekt aus dem Jahr 1955 als Halbtonner bezeichnet wurde. Als Kurzhauber mit hoher Gürtellinie und kleinen Fenstern hatte er ein sehr eigenständiges Design. Das Angebot reichte vom Pickup bis zur Hochdachversion. Sehr praktisch und typisch britisch war die optional erhältliche Schiebetüre. 1961 war auch ein Perkins-Diesel erhältlich. Als 1969 als Nachfolger der CF vorgestellt wurde, gab es ihn von Anfang an mit einem 2,5-Liter-Vauxhall-Diesel. Nach dem Auslaufen der Opel-Blitz-Fertigung 1975 wurde dieses Fahrzeug auch in Deutschland vertrieben, allerdings mit mäßigem Erfolg. 1986 bis 1992 übernahm AWD die Produktion der schweren Bedford-Lkw; heute werden die restlichen Aktivitäten von der Marshall-Gruppe wahrgenommen. Die Marke Bedford blieb auf einigen Isuzu-Transportern erhalten. Der abgebildete Prospekt stammt von 1972.

Oben: *Die Produktion von Elektrolastwagen nahm bei der Berliner Firma Bergmann 1907 ihren Anfang. Von 1909 bis etwa 1922 wurden auch Benzinmotorfahrzeuge gebaut, anfangs nach einer Lizenz von Metallurgique in Belgien. Danach konzentrierte sich Bergmann wieder auf Elektromobile. Den größten Erfolg erzielte das Unternehmen mit den Typ BELK 2500 und BEM 2500 mit 10-kW-Motor, die in großen Stückzahlen bei der Deutschen Reichspost liefen, aber auch bei vielen Kommunen und Privatunternehmen. Der abgebildete Prospekt stammt von 1939 und zeigt die letzte Version des 2,5-Tonners. Im Krieg mußte auch Bergmann der Typenbeschränkung des Schell-Plans folgen und bot einen 1,5- und einen 3-Tonner an. Das im Ostteil der Stadt Berlin gelegene Werk stellte nach Kriegsende die Produktion ein.*

Unten: *Über die Herstellung von Förderseilbahnen und Anhängern kam Bleichert zum Elektokarren, und 1925 wurde daraus ein 1,5-Tonner. Ab 1935 wurde ein bis zum 7,3-Tonner reichendes Programm entwickelt. Das abgebildete »lustige 1x1« wurde 1935 in einer Auflage von 10.000 Exemplaren gedruckt. Mit Humor das eigene Produkt darzustellen. war auch damals eher eine Ausnahme, vor allem im konservativen Nutzfahrzeugbereich. Nach dem Krieg verlegte Bleichert die Produktion nach Köln; heute gehört das Unternehmen zur PHB Weserhütte, seine Produkte sind unter dem Namen MAFI bekannt.*

Unten: *Von 1895 bis 1902 konzentrierte sich das Unternehmen aus Lyon auf Personenwagen, ehe der erste Lieferwagen erschien. Die leichten Modelle, Camionettes genannt, stellten lange Zeit eine erfolgreiche Ergänzung des Programms dar. Als Werbemittel waren kleinformatige Leporello-Kataloge eine Spezialität der Franzosen, wie diese Programmübersicht aus den zwanziger Jahren.*
Auch nach dem Krieg blieben Schwerfahrzeuge bei Berliet das Kerngeschäft. Mit dem Stadair wurde 1965 zwar ein Comeback bei den leichten Lastwagen versucht, aber der Wagen wurde kein Erfolg. 1977 übernahm Renault die traditionsreiche Firma.

Oben: *Die Berliner Elektromobil-Fabrik war eine der vielen kleinen Hersteller von Elektrofahrzeugen; sie bestand von 1900 bis 1922. In dieser Anzeige aus dem Motor vom Mai 1914 ist ein interessantes Konstruktionsdetail der ersten Generation dieser Fahrzeuge zu sehen. Der Elektromotor ist über dem Vorderrad in dessen Lenkachse montiert, damit bleibt das Chassis frei von allen Antriebskomponenten. Diese Grundidee wurde später beim Tempo-Dreirad aufgegriffen. Tüchtige und solvente Vertreter zu finden, war damals sehr schwer, deshalb blieb die Verbreitung der Fahrzeuge auf die nähere Umgebung Berlins und auf Behördenaufträge beschränkt.*

Links: *Wenn man von Berna spricht, denkt man an die schweren 3- bis 5-Tonner, die lange Zeit den Schwerpunkt der Produktion in Olten in der Schweiz bildeten. Die Unternehmensgeschichte begann 1902 mit einem Personenwagen. Lange Zeit wurde das Programm durch Lieferwagen oder Schnellastwagen ergänzt, wie mit dem Typ L von 1909, für den man einen Zweitaktmotor zu entwickeln versuchte. Als Berna Ende der zwanziger Jahre nicht genug Kapazität besaß, um einen eigenen Schnellastwagen zu entwickeln, begann man, Adler-Lastwagen zu montieren. 1932 wurden die ersten Exemplare unter der Bezeichnung L1 und L3 verkauft. Der abgebildete Prospekt stammt aus dem Jahr 1934 und zeigt den L1. Adler selbst hatte inzwischen den Nutzfahrzeugbau eingestellt.*
1929 hatte Saurer die Mehrheit bei Berna übernommen, danach wurde der Adler-Motor von Saurer und Berna gemeinsam hergestellt. 1937 erschien der L2d, ein 2- bis 2,5-Tonner mit Dieselmotor. Ab 1939 mußte Berna sein Programm den Saurer-Modellreihen angleichen. Kleinstes Modell war dann der 1U mit 2,5 bis 3 Tonnen Nutzlast.

Carl F. W. Borgward hatte 1924 begonnen, sein Industrie-Imperium mit den Marken Borgward, Hansa-Lloyd und Goliath aufzubauen. 1938 gab es auch Borgward-Dreiräder, die Typen FW 200 mit 6,5-PS-Einzylinder- bzw. FW 400 mit 13-PS-Zweizylindermanchmotor. Er ist jedoch ein eigenständiges Fahrzeug. Ab 1939 entstanden bei Borgward Eintonner, Anderthalbtonner und Dreitonner; der bisherige Hansa 1,25-Tonner wurde zum Borgward B 1000. Der abgebildete Prospekt von 1940/41 wirbt für dieses Fahrzeug in einer Zeit, in der zivile Transporte mit Dreirädern oder Eintonnern bewältigt werden mußte, da solche Fahrzeuge als nicht kriegsverwendbar galten.

Links: *Gleich nach dem Zweiten Weltkrieg konnte die Firma Borgward die Fahrzeugfertigung wieder aufnehmen, ab 1947 wurde auch die 1943 eingestellte Fertigung des B 1000 wieder gebaut. 1949 wurde er zum 1,25-Tonner modernisiert. Endlich gab es auch wieder Doppelbereifung an der Hinterachse. Der 1498-ccm-Motor leistete durch eine Erhöhung des Kolbenhubs 48 PS, die Höchstgeschwindigkeit betrug immerhin 80 km/h.*

Im Pkw-Bereich galt Borgward als früher Verfechter der Pontonform. Als daher Hanomag 1950 den L 28 vorstellte, sahen sich die Bremer veeranlaßt, nachzuziehen. So wuurde 1952 der Der B 1500 vorgestellt, erorientierte sich eindeutig an amerikanischen Pick-ups als. Er erhielt den 60-PS-Benzinmotor aus dem Borgward-Hansa 1800 oder einen 42 PS-Diesel. Der abgebildete Prospekt stammt von 1956. Ein Jahr später wurde auf diesem Chassis der Frontlenker B 1500F vorgestellt; die Serienfahrzeuge hießen jetzt B 611, nachdem Borgward das Bezeichnungssystem auf Typennummern umgestellt hatte. Dieser farbenfrohe Prospekttitel von 1959 wurde ein Jahr später bei gleichem Inhalt und Ausstattung des Katalogs durch ein nüchternes Grafikmotiv mit dem Seitenriß des Fahrzeuges in einer braunen Borgward-Raute ersetzt. Ein weiteres Jahr später fielen die bunten Fahrzeugzeichnungen auf der Rückseite einer weißen Fläche für den Händlereindruck zum Opfer.

Oben: *Kinderwagen und Fahrräder waren die Erzeugnisse dieser 1871 in Brandenburg gegründeten Fabrik. 1906 stellte Brennabor das erste motorisierte Dreirad vor und nach dem Ersten Weltkrieg entstand im Brandenburg die erste deutsche Fahrzeugproduktion mit Fließbandfertigung. Den Schwerpunkt stellte die Personenwagenfertigung dar, wenn auch bereits 1912 das erste Lieferfahrzeug vorgestellt worden war. Im Rahmen des GDA-Verkaufskartells war Brennabor für den 1,5-Tonner zuständig. Dieses Fahrzeug wurde aber nur kurze Zeit gebaut, da die Fahrzeugproduktion 1932/33 aus wirtschaftlichen Schwierigkeiten eingestellt werden mußte. Brennabor zog einige Jahre dieses satte Rot mit dem schwarzen Querstreifen bei vielen Produkten durch, vom Kinderwagen bis zum Schnellaster.*

Unten: *Wie viele amerikanischen Hersteller begann auch Brockway seine Produktion vor dem Ersten Weltkrieg (1912) mit dem Bau von Motorbuggies, leichte und hochrädrige Pritschenlaster nach dem Vorbild der Pferdewagen, mit denen die Farmer ihre Produkte in die Stadt brachten. Brockway wurde später für seine schweren Trucks berühmt, bis es 1956 von Mack gekauft, bis 1977 aber als eigene Marke weitergeführt wurde. Von 1933 bis 1938 baute das Unternehmen aus Cortland im Staat New York auch Elektrofahrzeuge, vom abgebildeten 1-Tonner bis zum 7-Tonner.*

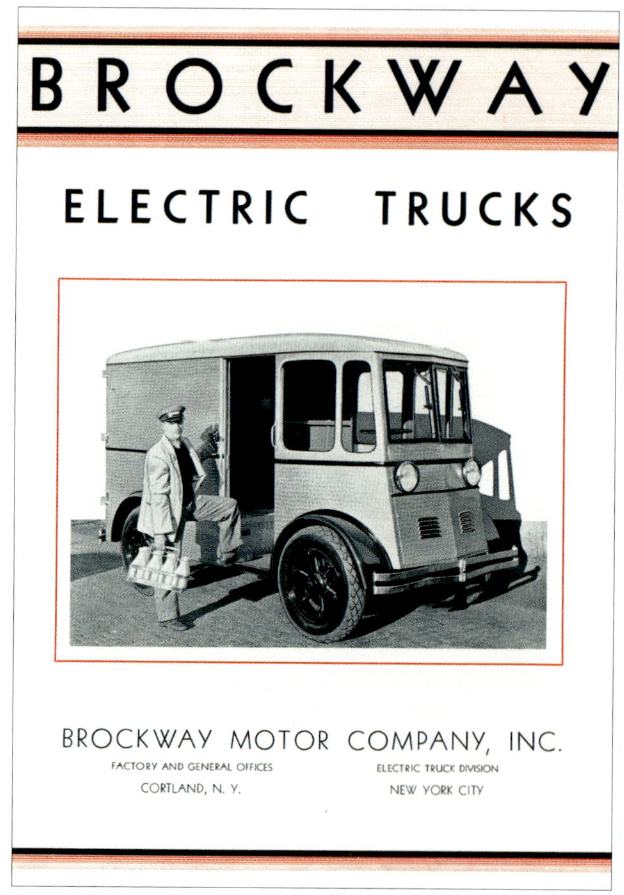

Unten: *Hellmut Butenuth war nach dem Zweiten Weltkrieg ein Verfechter des Konzepts eines Spar-Lastwagens. Er legte seinen 1949 präsentierten Econom für 5 Tonnen Nutzlast aus; er hatte einen MWM-Zweizylinder-Diesel mit 25 PS. Allerdings mußten bald stärkere Deutz-Motoren angeboten werden. Seit 1955 wurden in den Econom-Werken nur mehr Ford-Fahrzeuge repariert – das aus der Not der unmittelbaren Nachkriegszeit geborene Konzept war vom Wirtschaftswunder überrollt worden. Etwa 1000 Econom Lastwagen waren gebaut worden.*

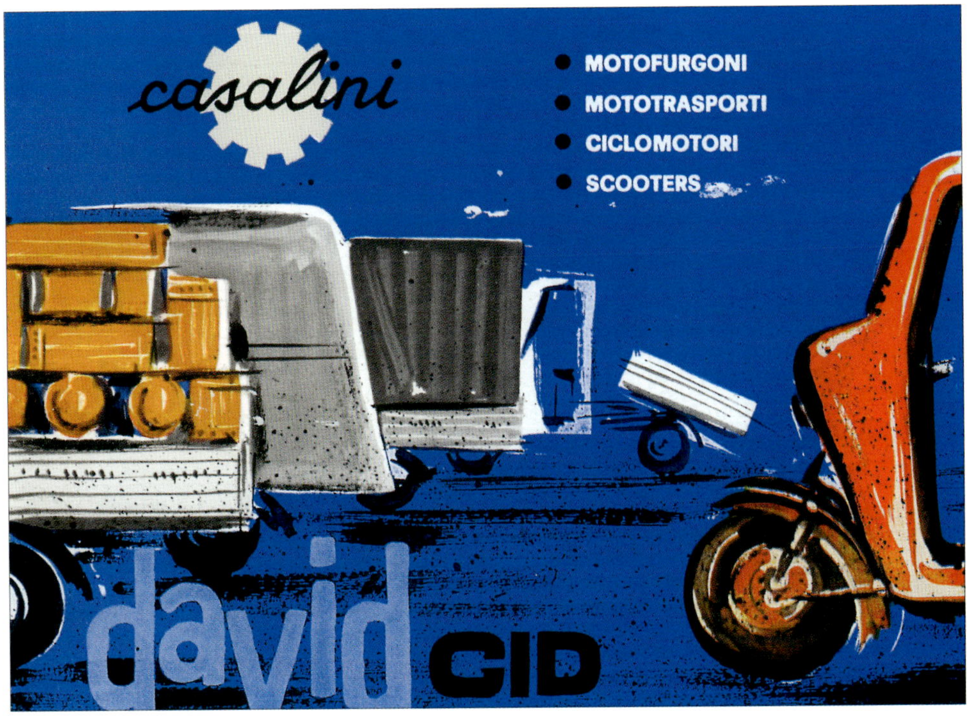

Oben: *Einer der vielen italienischen Hersteller von Motorrollern und Transportdreirädern war Casalini in Piacenza. 1958 begab sich diese Firma auf einen Markt, der neben dem Goliath Piaggio nur wenig Raum für Mitbewerber ließ. Später erhielt der kleine David sogar eine geschlossene Kabine. Der Einzylinder-Zweitaktmotor mit 50 ccm war mit dem Differential verblockt. Immerhin gab es sogar Stoßdämpfer. Elf Aufbauvarianten standen zur Wahl.*

Unten: *Der französische Hersteller Chenard & Walcker wurde 1905 gegründet. Spezialität waren schwere und mittlere Lastwagen sowie Zugmaschinen, die später unter der Marke F.A.R entstanden. Um das Programm nach unten zu erweitern, wurde 1941 ein Transporter vorgestellt. Mit seinem Ganzmetallaufbau nach dem Vorbild des Citroen T.U.B. und einem aufwendigen Fahrwerk mit Einzelradaufhängung und Drehstabfederung war ein großer Wurf gelungen. Nur der Zyeizylinder-Zweitaktmotor mit nur 725 ccm schien etwas schwach. und so kam ab 1947 ein Vierzylinder von Peugeot zum Einbau. Der abgebildete Prospekt stammt noch vor 1947 und nennt ein Leergewicht von 1000 kg sowie eine Nutzlast von 1500 kg – beeindruckende Werte. 1951 übernahm Peugeot die Firma Chenard & Walcker und baute den Lieferwagen in eigener Regie weiter.*

Oben: *1918 entstanden die ersten Chevrolet Nutzfahrzeuge, ein 0,5- und ein 1-Tonner mit der Bezeichnung Series T. Das Chassis stammte vom Chevrolet Personenwagen. Kombis, Pickups, leichte Lastwagen und Sonderfahrzeuge bildeten bald ein umfangreiches Programm. Eine Spezialität war der Expresslieferwagen mit seitlicher Plane, genannt Canopy Express, der bis 1954 im Programm blieb. 1940 wurde der KP Dubl-Duti vorgestellt, ein »Walk Through«-Lieferwagen. Posterartige Faltprospekte oder auch dicke Broschüren gaben potentiellen Kunden von den späten dreißiger Jahren an einen Überblick über das Produktionsprogramm.*

Rechts: *Nach dem Kriegseintritt der USA kam die zivile Produktion praktisch zum Stillstand. Auch Chevrolet stellte jetzt nur mehr Militärfahrzeuge und andere Rüstungsgüter her. 1950 erschien die neue Nachkriegsgeneration, wie sie auch auf dem Prospekttitel von 1951 gezeigt wird. Die Idee mit dem nächtlich beleuchteten Werbeschild auf dem Dach des Einkaufszentrums war recht innovativ und setzte sich von den üblichen Straßenszenen der Sammelprospekte ab. Chevrolet stellte 1950 fast eine halbe Million Trucks her, die sämtlich mit Sechszylinder-Motoren ausgerüstet waren.*

Links: *Die 1954er De Luxe-Modelle mit ihrem aufwendigen Chromzierat waren etwas Besonderes. Sie hatten erstmals eine ungeteilte, gewölbte Windschutzscheibe, Vorbote der folgenden Panoramascheiben. Übrigens wurden die '55er Modelle erst spät im Jahr als »Second Series« auf den Markt gebracht, so daß die '54er über anderthalb Modelljahre verkauft wurden. 1955 wurde auch der erste V8-Motor vorgestellt, es gab ihn aber nur im Zweitonner.*

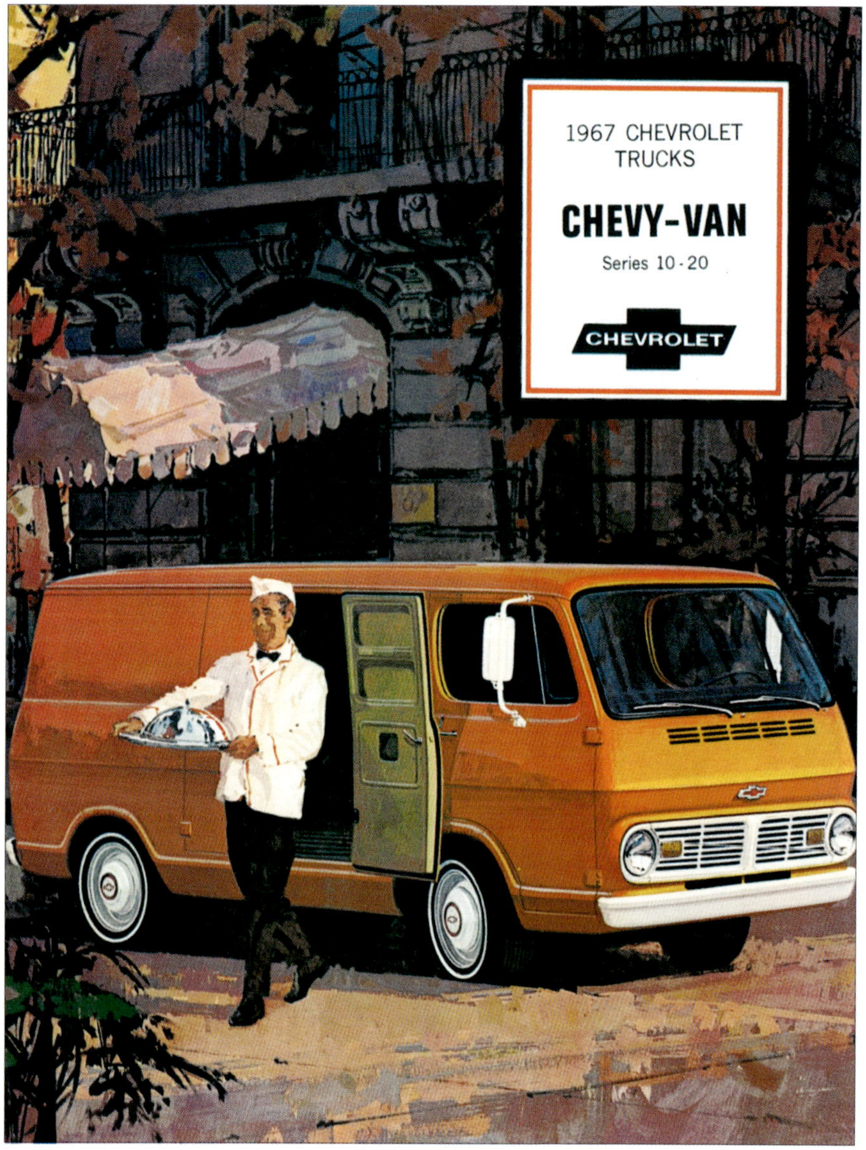

Oben: *Als Antwort auf den VW-Bus wurde 1961 der Corvair 95 als Kombi, Pritsche und Kastenwagen vorgestellt. Er war auf der Basis der Limousine entwickelt worden und besaß einen luftgekühlten Sechszylinder-Boxermotor im Heck mit 80 PS. In Amerika konnte man sich aber nicht mit der fehlenden Durchlademöglichkeit vom Heck her anfreunden. Außerdem geriet der Personenwagen in die Kritik des populären Verbraucherschützers Ralph Nader. Dieser 1967er Prospekt ist einer der schönsten Werbemittel für den Heckmotor-Van.*

Unten: *Den 1919 vorgestellten Citroen Typ A gab es auch als Lieferwagen. 1921 folgte der Typ B2, dessen verbesserte zweite Serie auf dem Katalog abgebildet ist. Er wurde bis 1925 gebaut; sein Vierzylindermotor war auf 1400 ccm vergrößert worden. Im Gegensatz zum Vorbild Ford bot Citroen bald die verschiedensten Karosserietypen an. Typisch war der verstärkte Holzaufbau der Pritsche mit der hochgezogenen Gürtellinie. Der abgebildete Aufbau wurde »Boulangère« (Bäckerin) genannt.*

Rechts: *Die B-Typen wurden im Lauf der Jahre weiter verbessert. Ende 1926 wurde der erste Eintonner homologiert, der Typ B15. 1928 folgte mit dem C6 ein Sechszylinder, er leistete 48 PS. Die Zahl der Fahrzeugvarianten wuchs, vom Bus bis zur Feuerwehr. Auch die berühmten Halbkettenfahrzeuge »Autochenilles« basierten auf dem C6. 1930 wurde mit dem 1800 kg eine schwerere Version vorgestellt. Diese Modelle wurde übrigens auch in Deutschland, Holland und Italien gebaut. 1933/34 begann die Erneuerung des Citroen-Nutzfahrzeugprogramms mit der Vorstellung der Rosalie. 1937 wurde der erste Diesel vorgestellt.*

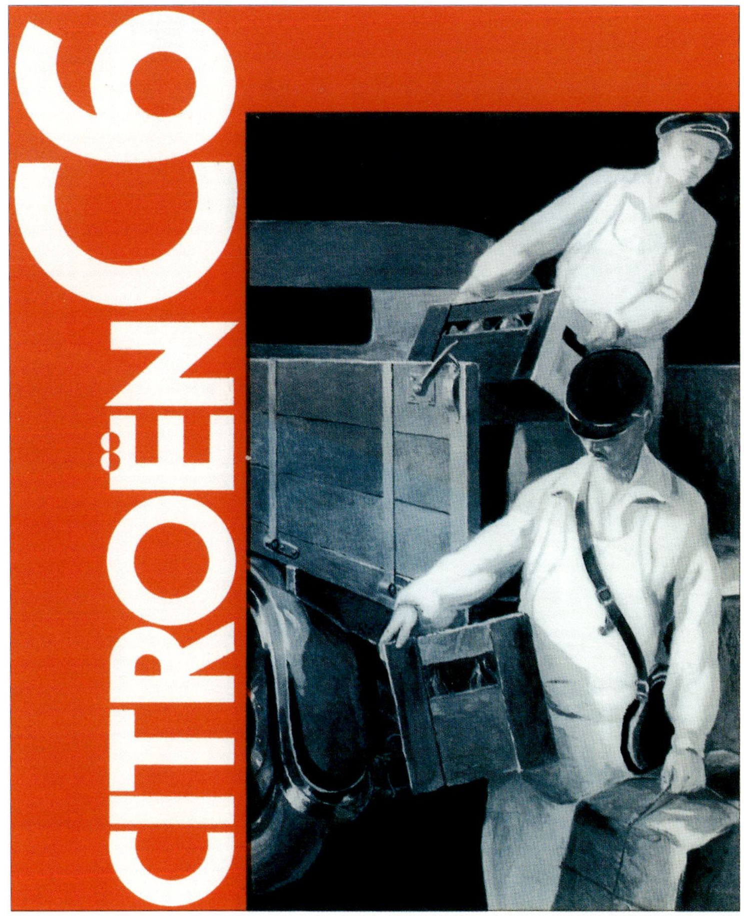

Links: *Nach dem Zweiten Weltkrieg wurden die Vorkriegsmodelle 23 und 45 noch ein paar Jahre weitergebaut. 1953 erhielt der Typ 23 ein modernes Fahrerhaus, das den Linien der im gleichen Jahr vorgestellten Typen 55 und 60 folgte. Es dauerte einige Zeit, bis ein Serienprodukt dem revolutionären T.U.B. folgen sollte, der im April 1939 als Transporter mit Frontantrieb vorgestellt worden war. Dessen Entwickler Georges Toublan war später bei Renault für die Entwicklung der Estafette zuständig. Bei Citroen griff man eine Nummer größer und stellte 1947 den Typ H vor. Sein Frontantrieb basierte auf dem 11 CV und entwickelte 50 PS. Anfangs hatte der H 850 kg Nutzlast. Da dies für den großen Aufbau etwas wenig war, gab es bald eine 1200-kg-Version. 1958 kam der HY mit 1500 kg Nutzlast auf den Markt, un ab 1961 gab es einen Perkins-Diesel mit 42,6 PS. Nach fast 500 000 Fahrzeugen wurde 1981diese Baureihe eingestellt. Der 1974 vorgestellte Citroen C35, eine Gemeinschaftsentwicklung mit Fiat, wurde in Italien gebaut und hatte nicht mehr den typisch französischen Charme.*

Oben: *Nach der Firmengründung im Jahre 1905 wurde ein Dreitonner das wichtigste Commer-Modell. Doch bereits 1911 umfaßte das Programm Lastwagen von 1 bis 7 Tonnen Nutzlast sowie Busse und eine Feuerwehr. Nach dem Ersten Weltkrieg wurde der Bau leichter Fahrzeuge erst 1926, nach der Übernahme durch Humber, wieder aufgenommen. Ab 1933 gab es dann auch zwei Lieferwagen, die auf Personenwagen der Roots-Gruppe basierten. 1939 wurde der Superpoise vorgestellt, der eine Auflage von mehr als 20.000 Exemplaren erlebte. 1948 wurde dieses Modell modernisiert und mit Nutzlasten ab 1,5 Tonnen angeboten. Das neue Design war wieder dem Humber-Personenwagen angepaßt. Im gleichen Jahr wurde auch der erste Frontlenker-Transporter,, der »Supervan«, vorgestellt.*

Mitte der fünfziger Jahre festigte Commer seine Marktpasition durch die Einführung des modernen »Superpoise« und des Frontlenkers NNM. Dabei wurde auf eine gewisse Familienähnlichkeit innerhalb der Roots-Gruppe geachtet. Den »Superpoise« gab es als Pick-up, 0,75-Tonner und 1,25-Tonner mit Benzin- oder Standard-Diesel. Der NNM war als 1-, 1,25- oder 1,5-Tonner erhältlich. Typisch waren die großen Schiebetüren hinter der Vorderachse. Beide Fahrzeuge hatten einen Vierzylinder-Benzinmotor mit 56 bzw. 52 PS aus 2266 ccm Hubraum. Im NNM war er fast waagerecht eingebaut.

Oben: *1960 stelllte Commer seine neuen Transporter der 1500 bzw. 2500 Serie vor. Das Design war mit der rundlichen Front und den direkt über den knappen Radausschnitten umlaufenden Sicken sehr eigenständig. Besonders auffällig war der Pickup mit einer überdachten Sitzbank auf der Ladefläche geraten, der eigentlich ein zum Teil aufgeschnittener Transporter war. Daneben gab es eine Tiefpritsche und eine konventionelle Pritsche mit abklappbaren Bordwänden. Ein weiteres offenes Fahrzeug wurde als Getränketransporter bezeichnet und war eigentlich ein geschlossener Transporter mit großen Öffnungen in Seiten- und Rückwand. Mit seinem 1,6 Liter-Perkins, 52 PS stark, hatte der 0,75- bzw. 1-Tonner den kleinsten Diesel aller britischen Transporter. Aber es war auch ein 62 PS-Benzinmotor erhältlich. Später wurde das Fahrzeug als Chrysler Spacevan weitergebaut; es war auch als Campingfahrzeug sehr beliebt. 1962 wurde der Walk-Thru mit bis zu 3 Tonnen Nutzlast vorgestellt. 1964 begann Chrysler sich bei Commer einzukaufen, bis 1973 eine komplette Übernahme erfolgte.*

Unten: *Cushman aus Lincoln, Nebraska, gegründet 1901 für die Produktion von Einbaumotoren, machte sich in den Dreißigern einen Namen mit dem Bau von einfachen Motorrollern. Auch gab es eine Lastentransportversion mit Kofferaufbau vor der Lenkstange. 1961 wurde die eigene Rollerproduktion gestoppt, dafür importierte das Unternehmen die Vespa. 1957 hatte man sich mit Dreiradfahrzeugen ein zweites Standbein geschaffen. Sie waren bei der Post und bei der Verkehrspolizei recht beliebt. Eine Erfolgsstory waren und sind die Golfwagen mit Elektroantrieb. Davon abgeleitet gibt es ein komplettes Produktionsprogramm an leichten Transportfahrzeugen.*

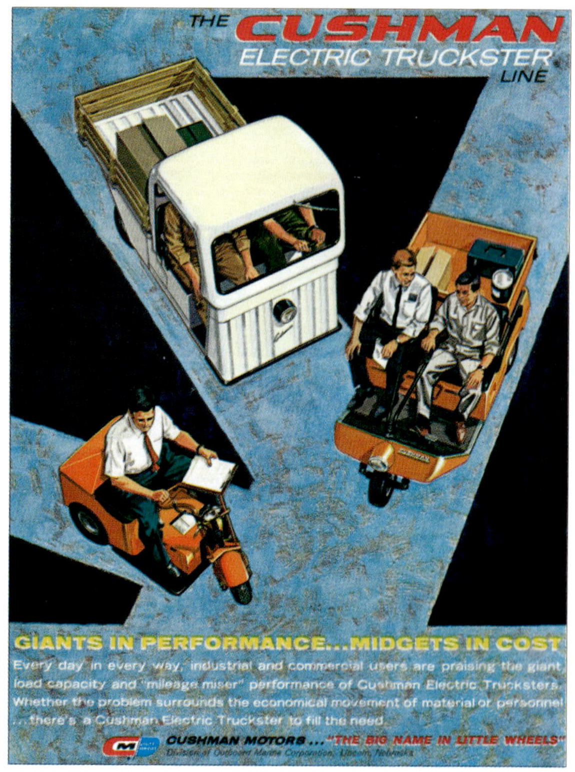

Links: *1910 begann DAAG in Ratingen bei Düsseldorf mit dem Bau von Lastwagen. Vor dem Ersten Weltkrieg wurden 1,5- bis 5-6-Tonner gebaut. Sehr erfolgreich war der 1921 vorgestellte Schnellastwagen Typ NAC2/25 mit Luftbereifung und einem Motor aus Alu-Silumin-Legierung, der 60 PS leistete. Auf Wunsch gab es eine Knorr-Druckluftbremse, mit der auch ein Anhänger gebremst werden konnte. So etwas war sonst nur bei schweren Lastzügen üblich. Mit leistungsfähigen Bremsen wurde bei den Schnellastwagen auch eine gewisse Sicherheitsreserve vorhanden – schließlich war der AC2 auf 55 km/h Höchstgeschwindigkeit ausgelegt.*

Rechts: *1938 gründeten die Brüder Van Doorne ihre Anhängerfabrik. Die 1936 präsentierten »Trado«-Allrad-Umbauten waren der erste Schritt zum eigenen Fahrzeug; 1948 ging es mit einigen Bussen weiter. 1950 wurde der erste DAF-Frontlenker mit Hercules-Benzinmotor vorgestellt. Der Firmenname änderte sich in Van Doorne Automobilfabrik. 1951 kam der A 10 Transporter heraus, ein Eintonner mit einen 46 PS-Vierzylinder-Benzinmotor und 2,18 Liter Hubraum. Ein stabiles Chassis aus Kastenprofilen trug den Ganzstahlaufbau. Die niederländische Post fand Gefallen an der Konstruktion und nahm große Stückzahlen ab. 1954 folgte ein Eintonner-Pick-up nach amerikanischem Vorbild, der später einen Sechszylinder-Hercules-Diesel mit 4 Liter Hubraum erhielt.*

Oben: *1958 wurde der erste DAF-Pkw vorgestellt, der Typ 600. Er war mit der DAF-Variomatik ausgerüstet, einem Automatikgetriebe mit variabler Riemenübersetzung. Ein Zweizylinder-Boxermotor eigener Konstruktion mit zuerst 600, dann 844 ccm kam zum Einbau. Neben dem Kombi gab es auch einen Lieferwagen mit hohem Aufbau und einen Pick-up. 1962 erschien auf der Basis des Pkw der DAF Pony, ein einfacher Plattformwagen mit offenem oder geschlossenem Fahrerhaus. Der Unterflur-Boxermotor war hinter der Vorderachse eingebaut und leistete inzwischen 40 PS. Die Nutzlast betrug 750 kg. Es gab auch einen Sattelzug mit 1500 kg Nutzlast. Bei fast 3 Tonnen Gesamtgewicht hatte der 40 PS-Motor allerdings viel zu tun.*

Die Hatsudoki Seizo Kaisha in Osaka, besser bekannt unter dem 1951 angenommenen Namen Daihatsu Kogyo, hatte 1907 mit dem Bau von Motoren und 1930 mit der Herstellung von Dreirädern begonnen. 1957 kam mit dem Trimobil ein kleines Dreirad mit geschlossenem Fahrerhaus auf den Markt. 1959 erschien mit dem Vesta bzw. V 200 ein Zweitonner mit vier Rädern. 1960 erhielt er einen Vierzylinder-Benzinmotor mit 68 PS aus 1490 ccm. Der gleiche Motor war auch in dem 1,75-Tonner F 175 erhältlich, einem schweren Pick-up. Diesen gab es auch als D 150 mit Vierzylinder-Diesel mit 40 PS aus 1484 ccm. Die Nutzlast betrug dann nur noch 1500 kg. Auf dem 1962 verteilten Prospekt stehen diese drei Typen nebeneinander. Vom V 200 gab es auch Versionen mit Spezialaufbauten sowie einen Bus. Daneben war der Transporter Hi-Jet mit 360-ccm-Zweizylinder-Zweitaktmotor im Programm. Er war der Stammvater einer langen Reihe von Fahrzeugen mit diesem Namen. Zwei Familien von Dreirädern gab es weiterhin, genannt Midget und Trimobil. Letzteres hatte 1 bis 2 Tonnen Nutzlast sowie einen Zweizylinder-V-Motor. Die Motoren leisteten 23 bis 45 PS und hatten 750 bis 1478 ccm Hubraum. 1971 wurde das letzte Dreirad gebaut. Die Modelle Hi-Jet und SV16 und SV17, Nachfolger des V 200, waren auch in der Schweiz, in Österreich und in den Benelux-Ländern erfolgreich.

Oben: *Einer der großen französischen Fahrzeugpioniere war Emile Delahaye. 1894 stellte er seinen ersten Motorwagen vor, der dem Benz ähnelte. 1898 erschienen sein erster Lieferwagen, 1899 der erste Omnibus. Aber erst 1903 ging Delahaye bei Lastwagen vom Riemenantrieb zur Kette über. Schon vor dem Ersten Weltkrieg bot das Unternehmen ein umfangreiches Programm vom Pkw bis zum Schwerlastwagen an. Bis 1930 wurden bei den Nutzfahrzeugen grundsätzlich Vierzylindermotoren eingesetzt. 1931 erschien ein Diesel nach Fiat-Lizenz. Der abgebildete Type 104 von 1930 war ein typischer schwerer Lieferwagen jener Zeit. Drei solche Fahrzeuge hatten 1928 erfolgreich die Strecke von Algier nach Tschad durch die Sahara bewältigt, damals ein wichtiges Thema für die Franzosen.*

Unten: *Nach dem Zweiten Weltkrieg vermochte Delahaye nicht an die frühere Marktbedeutung anzuknüpfen. Hauptprodukt war der 4- bis 5-Tonner-Frontlenker Typ 163. Etwas oberhalb vom Renault Colorale angesiedelt, entstand mit dem Typ 171 ein robuster Pick-up für den Einsatz in schwierigem Terrain, vor allem in den Kolonien. Er nahm 1951 erfolgreich an der Internationalen Rallye vom Mittelmeer zum Kap teil, die man als Vorläufer der Paris-Dakar bezeichnen könnte. Dort sicherte er sich den 1. Platz, sowohl im Gesamtklassement als auch in der Teamwertung. Das Fahrzeug war mit einem Sechszylinder-Benzinmotor mit 3557 ccm und 100 PS ausgerüstet. Als Aufbauvarianten waren auch ein Kombi und eine Ambulanz lieferbar.*

Oben: *Chrysler nutzte die Marke DeSoto bei Nutzfahrzeugen zwischen 1937 und 1960 auf einigen Exportmärkten. In gleicher Zielsetzung war auch Fargo entstanden. In den USA stand DeSoto für solide Mittelklasse-Personenwagen. Optisch unterschieden sich die '54er DeSoto Pick-ups nur durch das Markenzeichen vom Dodge des gleichen Jahres. Neben dem 100-PS-Sechszylinder gab es auch einen V8-Motor, dessen Leistung mit 133 PS angegeben wurde, im Gegensatz zu den 145 PS des Dodge. Das C-Modell hatte erstmals eine ungeteilte Windschutzscheibe. Das Modelljahr findet sich auf dem Prospekttitel in Form eines Kennzeichens.*

Als die Auto Union sich 1949 in Ingolstadt neu formierte, war der DKW 3/4-Tonner Schnellieferwagen ihr erstes Produkt. Die nach vorne öffnenden Türen und der Zweitaktmotor vom F8, den auch der im nächsten Jahr vorgestellte DKW Meisterklasse erhielt, gaben dem Fahrzeug keine großen Zukunftsaussichten. Zunächst wurde es vom Markt jedoch gut aufgenommen. Noch gab es den VW-Bus und andere Transporter nicht.
1953 folgte eine Überarbeitung mit größerer Spur und größßerem Radstand, erkennbar an den schmalen Kotflügeln. Die Ziffernkombination 3=6 sollte aussagen, daß der Dreizylinder-Zweitakter die Qualitäten eines Sechszylinders habe. 1954. Die Leistung stieg von 20 anfangs über 22 auf 32 PS. Die Aufbauten reichten von Viehtransporter bis zum Krankenwagen. Die Typenbezeichnung des Schnellasters wurde in der Werbung nicht groß herausgestellt; sie lautete F 89 L.

Unten: *Für die Produktion des Nachfolgers des F 89 L wurden die Industrias des Motores in Vitoria, Spanien, ausgewählt. Der F 1000 L hatte eine moderne Ganzmetallkarosserie und 1000 kg Nutzlast. Ein Problemfall blieb jedoch der Dreizylinder-Zweitaktmotor, der zwar nun zwar 40 PS aus 981 ccm herausholte, aber dem Kunden einfach nicht mehr zu vermitteln war. Laufkultur, Verbrauch und Geruchsbelästigung waren indiskutabel. Später übernahm die Daimler-Benz AG das Werk und baute einen Mercedes-Motor ein. Nachfolgemodell war der MB 100.*

Oben: *Die Firma Tilt begann 1905 in Chicago Personenwagen zu bauen; 1911 entstand der erste Lastwagen. Im Ersten Weltkrieg wurden auf den Montagebändern des Unternehmens auch Liberty-Trucks montiert. Nach dem Krieg lag der Schwerpunkt auf schweren Lastwagen. 1926/28 wurde eine neue Fahrzeuggeneration vorgestellt. Das bis dahin kantigen Design wurde 1933 und vor allem 1936 durch stromlinienförmige Formen abgelöst. 1936 wurde das Programm auch um den abgebildeten schweren Pickup ergänzt. Auf bunten Flugblättern wurde für die neue Linie geworben: Das Fahrzeug hatte einen Sechszylinder-Reihenmotor mit sieben Hauptlagern für die Kurbelwelle. Auffällig war die etwas zurückgesetzte Position der Vorderachse, die europäischen Gepflogenheiten folgte. Neben dem Pick-up gab es auch einen Panel-Delivery.*

Oben: *Die Detroit Industrial Vehicle Co. wurde 1926 gegründet und stellte Lieferwagen für die Haus-zu-Haus-Belieferung her. Vorläufer war ein Elektrofahrzeug, das auch im Stehen und vom Trittbrett aus gefahren werden konnte. Nach eingen Frontlenkern mit Benzinmotor entstanden Kurzhauber mit Einstieg hinter der Vorderachse. Ab 1937 gab es das berühmte Divco-Fahrzeug mit Ganzmetallaufbau und der rundlichen Kurzhaube, das in Amerika jedes Kind als Milchwagen kennt. Die Benzinmotoren kamen von Continental, bis das Unternehmen 1963 begann, auf Ford umzusteigen. Ab Mitte der Sechziger kam ein Detroit-Diesel zum Einsatz. Der abgebildete Prospekt stammt von 1959 und bietet verschiedene Radstände und Nutzlasten sowie Motoren von 47 bis 75 PS an. Seit 1940 gab es auch isolierte und gekühlte Fahrzeuge.*

Unten: *1914 begannen die Dodge Brothers mit der Automobilproduktion, 1916 folgte ihr erste Lieferwagen. Nach dem Ersten Weltkrieg gab es bereits ein umfangreiches Aufbauprogramm, aus dem die Prospektabbildung ein Beispiel zeigt. Ab 1921 bauten auch die Graham Brothers Dodge-Motoren in ihre Lastwagen ein. Bald wurde dieses Unternehmen praktisch zur Lkw-Abteilung von Dodge. 1928 übernahm Chrysler die Firma Dodge, damit verschwanden auch die Graham Brothers. Bereits 1930 war Dodge Amerikas viertgrößter Lkw-Hersteller.*

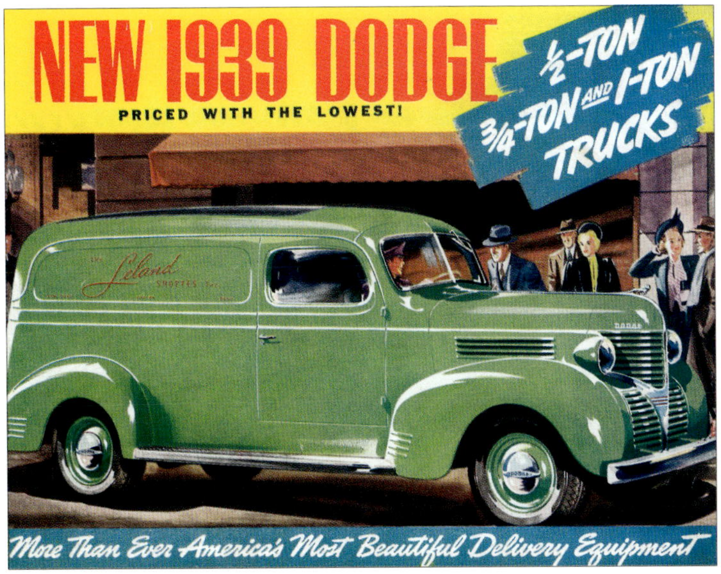

Oben: *Dodge pflegte das untere Ende des Nutzfahrzeugprogramms mit seinen Pick-ups und Panel Deliveries besonders gut. Obwohl die Familienähnlichkeit auch bei den neu gestalteten '39er Modellen erhalten blieb, waren sie doch eigenständige Fahrzeuge und nicht nur Pkw-Kombis, wie das in Europa oft der Fall war. 1939 eröffnete das Unternehmen die damals größte Nutzfahrzeugfabrik der Welt. Im gleichen Jahr wurden auch zwei Frontlenker-Transporter mit Aufbauten von Metropolitan und Montpellier in das Angebot aufgenommen.*

Unten: *Die Produktion des 4x4 und 6x6 Powerwagon im Zweiten Weltkrieg trug viel zum Dodge-Image bei. Auch nach dem Krieg waren diese Modelle bei Behörden und Großunternehmen sehr beliebt. Es gelang aber nicht, das Mitte der fünfziger Jahre vom Ford F 100 oder Chevrolet Cameo aufgebaute sportliche Image zu erreichen. Obwohl Dodge 1955 ein neues Fahrerhaus mit der Panoramascheibe vorstellte, wirkte der Pick-up dennoch recht brav, eben »job jated« statt sportlich. Daran änderte auch der wahlweise erhältliche V8 mit 169 PS nichts…*

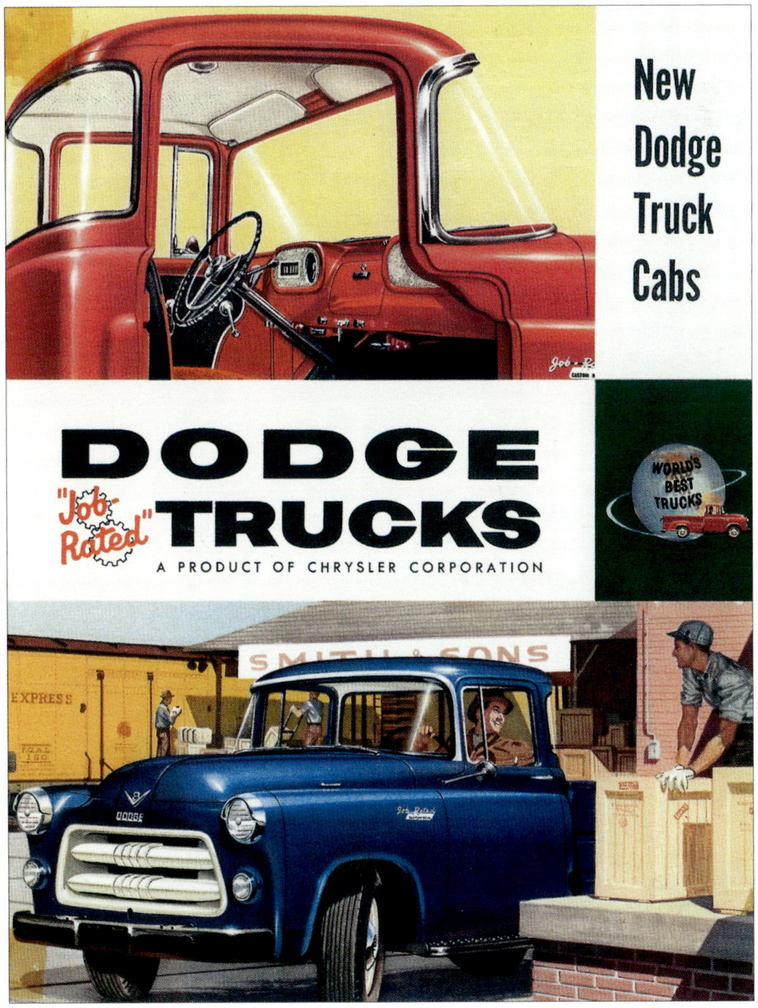

Oben: *Mitte 1964 betrat Dodge den Transportermarkt mit einem Frontlenker. Der A 100 hatte den bewährten Sechszylinder mit 101 oder 140 PS. Es gab ihn als Pick-up, Van und Kleinbus, auch war eine Camper-Version lieferbar. Der A 100 war gut ausgerüstet, geräumig und relativ leicht. Mit einer Tonne Nutzlast war er auch für Handwerker ideal. Zu dem anfänglich kurzen Radstand, der ein sehr wendiges und kompaktes Fahrzeug ergab, wurden ein Jahr später zwei längere Versionen nachgereicht. Als Ausstattungen gab es den Sportsman und den Tradesman. 1966 folgte als Option ein V8 mit 174 PS. Um das Fahrzeug populär zu machen, ging der »Little Red Wagon« in Amerika auf Tournee. Es war ein Showtruck, der mit einem extrem getunten V8 auf der Ladefläche mit gehobenen Vorderrädern »Wheelies« über die Viertelmeilendistanz machen konnte.*

Unten: *Die Maschinenfabrik Esslingen hatte sich als Zulieferbetrieb für den Eisenbahn- und Automobilbau einen Namen gemacht. 1926 begann das Unternehmen mit dem Bau von Elektrolastwagen; bekanntestes Produkt war der Elektrokarren, der im Stehen gefahren wurde. Vor dem Zweiten Weltkrieg umfaßte das Produktionsprogramm jeweils einen 1,5-, 2,5, und 3- bzw. 3,5-Tonner. Diese Fahrzeuge wurden auch mit dem abgebildeten Prospekt von 1938 beworben, auf dem das modern wirkende Breuninger-Hochhaus auffällt. Später kam ein 5-Tonner-Dreiachser und sogar ein 10-Tonner in das Programm. Sie mußten jedoch im Rahmen des Schell-Programms aufgegeben werden. Auch nach dem Zweiten Weltkrieg wurden Elektrotransporter gebaut. Heute gehört das Unternehmen zur Linde/Still-Gruppe und baut Fahrzeuge für den innerbetrieblichen Transport.*

Oben: *Die Brüder Fageol, aktiv im Fahrzeugbau seit 1916, hatten 1927 die Firma Twin Coach gegründet, um einen Frontlenker-Bus mit zwei Unterflurmotoren zu bauen. 1929 begannen sie, auch Frontlenker-Lieferfahrzeuge mit Elektro- und Benzinmotoren herzustellen. 1936 wurde dieser Bereich an Divco verkauft. 1950 begann das Unternehmen unter dem Namen Fageol, der nur bis 1939 genutzt worden war, wieder Lastwagen zu bauen. 1954 wurde der Pony Express vorgestellt. Er blieb nur kurze Zeit im Programm – zu mächtig war die Konkurrenz von Divco. Als Motor kam ein Vierzylinder-Benziner mit 57,9 PS zum Einsatz, der über der Vorderachse eingebaut war.*

Unten: *Chrysler benutzte den Namen Fargo für bestimmte Produkte im In- und Ausland. So wurden von 1928 bis etwa 1934 leichte Dodge-Lastwagen und Plymouth-Personenwagen an Großabnehmer, Behörden und das Militär als Fargo verkauft. Damit war man unabhängig von örtlichen Händlern. Ab 1935 wurde der Name für Exportgeschäfte und für in Canada gebaute Fahrzeuge genutzt; später kamen einige englische und australische Fahrzeuge hinzu. Die abgebildete Prospektmappe wurde 1936 in Rumänien vom dortigen Importeur Saral in Bukarest für Chrysler, DeSoto, Fargo und Plymouth ausgegeben. Jede Innenseite mußte damals mit zwei Steuermarken beklebt werden. Das Programm bestand aus vier Serien: dem Lieferwagen FD1-16, den Lastwagen FD3 und FD4 und dem Bus FDD4. Beachtlich ist die interessante Graphik des Prospekttitels.*

Oben: *Die Landmaschinenfabrik Fahr entwickelte 1959 einen einfachen offenen Plattformwagen mit 20 PS-BMW-Boxermotor. Es kam jedoch nicht zu einem Serienbau. Dann wurde das Fahrzeug weiterentwickelt. Als Antrieb kam der BMW-Zweizylinder-Boxermotor aus dem 600er zum Einsatz. 1962 begann die Produktion durch die griechischen Brüder Kodogouris. Später stieg Chrysler bei dem Unternehmen ein und vermarktete das Fahrzeug international. Der abgebildete Prospekt wurde 1964 in England im Auftrag von Chrysler International in mehreren Sprachen gedruckt. Das Fahrzeug hatte 616 kg Nutzlast bei 568 kg Eigengewicht. Es gab auch ein Verdeck mit Türen, das 44 kg wog.*

Unten: *1919 entstand aus dem Zusammenschluß der Fahrzeugfabriken Ansbach und der Nürnberger Feuerlöschgeräte- und Fahrzeugfabrik das Unternehmen Faun. 1926 gab es den Personenwagen »Kauz« auch als Lieferwagen K2. Hauptsächlich aber wurden Kommunalfahrzeuge, Lastwagen und Busse gebaut. 1955 übernahm Faun die Willy Ostner Fahrzeugwerke in Sulzbach-Rosenberg, dadurch kamen die Modelle Rex 15 und Rex 18 Diesel ins Faun-Programm. Der Rex 15 hatte einen Ford-Vierzylinder-Benzinmotor mit 55 PS aus 1498 ccm. Im Rex 18 kam ein 40 PS-Vierzylinder-Diesel mit 2175 ccm der Firma International-Harvester (deutsche Fertigung in Neuss) zum Einbau. Die höhere Nutzlast der Dieselausführung ist nicht erklärbar, denn das zulässige Gesamtgewicht wurde in beiden Fällen mit 3350 kg angegeben. Auch die Bereifung ist bei beiden Fahrzeugen identisch. Da der IHC-Diesel etwa 100 kg schwerer war als der Ford-Benziner, fehlten irgendwo 300 kg…*

Oben: *Faun entwickelte bis 1957 den Ostner Rex zum Faun Eilfrachter weiter. Es gab den Typ F 24 B/ 255, einen 1,5-Tonner mit dem Ford-Motor des Vorgängers, und den Typ F 24 D / 275, einen 2-Tonner mit Vierzylinder-Kämpfer-Diesel (70 PS, 3138 ccm). Neben dem Kämpfer-Diesel gab es einige Zeit auch einen Vierzylinder-Deutz-Diesel mit 60 PS, der auch im verstärken Typ 284 D mit 2,75 Tonnen Nutzlast angeboten wurde. Der F 24 B war auch mit 1,7 und 1,75 t Nutzlast zu haben.*

Unten: *Die 1899 in Turin gegründete Firma Fiat stellte 1903 ihren ersten Lastwagen vor. Guten Absatz fand das Modell 15 Ter, ein 1,5-Tonner, von dem 200 Stück auch beim Libyenfeldzug eingesetzt wurden. Daneben gab es den L2, einen Eintonner.*
1923 erschiene zwei neue Reihen leichter Nutzfahrzeuge mit Lkw-Rahmen und Pkw-Motoren, der Dreivierteltonner 502 F und der Eintonner 505 F. Auch deren Nachfolger 514 und 614 waren erfolgreich. 1931 stellte Fiat seinen ersten Diesel vor, der 632 N.
Sehr beliebt war der Topolino, ein Kleinwagen mit 570-ccm-Vierzylindermotor und 13 PS. Es gab zwei verschiedene Kastenwagenversionen, einen mit kurzem Aufbau, der den Linien der Limousine folgte, und einmal mit langem Aufbau. Der Prospekt wurde 1939 gedruckt.

Oben: *Nach dem Zweiten Weltkrieg war als Lieferwagen der 1100 ALR mit dem Motor des 508 in Programm. Nachdem bei den schweren Lastwagen der Frontlenker die Hauber schon in den vierziger Jahren abgelöst hatte, kam 1956 der »Multipla« als siebensitziger Kleinbus mit Heckmotor auf der Basis des ein Jahr früher vorgestellten 600 auf den Markt. Er wurde als Wunder der Raumökonomie bezeichnet. Kein Wunder, daß sich viele italienische Karosseriebauer dieses Fahrzeuges annahmen, wie die Carrozzeria Coriasco in Turin. Neben einem luxuriösen Kleinbus baute sie auch einen Kastenwagen und ein Pritschenfahrzeug. Aus dem Multipla wurde 1961 der 600 T, der später vom 850 T abgelöst wurde. Alle hatten einen Heckmotor.*

Unten: *Ein wichtiger Bereich waren für Fiat stets die leichten Lastwagen. Die erste völlige Neukonstruktion nach dem Zweiten Weltkrieg war der 1951 vorgestellte Tipo 615, ein 1,5-Tonner mit einem modernen Ganzmetall-Haubenfahrerhaus und einem 1,4-Liter-Vierzylinder-Benzinmotor, der anfangs 39 PS leistete. Sein massiver Kastenprofilrahmen erlaubte auch Überladungen. Als 1954 eine Dieselversion des Vierzylinders vorgestellt wurde, entstand damit ein richtiger Lastwagen. 40 PS aus 1,9 Liter Hubraum und ein spürbar verbessertes Drehmoment machten den 615 N auch zu einer beliebten Basis für Aufbauhersteller. In Österreich wurde das Modell von Steyr vertrieben.*

Links: *1957 wurde der Fiat 1100 T auf der Basis des gleichgroßen Personenwagens vorgestellt. Sein 38 PS starker Vierzylindermotor lag direkt hinter der Vorderachse und sorgte so für eine günstige Gewichtsverteilung. Später gab es auch stärkere Versionen mit Bezeichnungen wie 1100 T2 oder den Schnelltransporter T bzw. Fiat 1350 mit Leistungen von 42, 43, 45, oder 48 PS. Der Schnelltransporter TD erhielt einen Vierzylinder-Dieselmotor mit 1901 ccm und 54 PS. Nachfolgemodelle waren die 1966 vorgestellten Typen 238 bzw. 241 mit 1, 1,3 oder 1,4 t Nutzlast.*

Rechts: *~~Das~~ Die Firma Federal wurde 1910 in Detroit gegründet. Sie baute solide Nutzfahrzeuge aus dem Baukasten der Zulieferer nach gängigen Trend. Bereits 1913 wurden Federal-Fahrzeuge in 20 Länder exportiert; das Produktionsprogramm reichte von 1,5-Tonner bis zum 3-Tonner. Bis Kriegsende kamen ein 5-Tonner und ein 7-Tonner hinzu. 1924 erschien ein Eintonner mit Willys-Knigth-Motor. Die schwereren Fahrzeuge waren mit Continental- und Waukesha-Motoren ausgerüstet.*
Dieser Katalog stammt von 1935; er sollte den Aufbruch in eine neue Zeit symbolisieren Damals wurden neue aerodynamische Formen aktuell, wenngleich der Eintonner auch noch nicht mit einbezogen war. Der Waukesha-Vierzylinder-Benzinmotor mit Ricardo-Kopf leistete 37,4 PS. Alternativ war ein Sechszylindermotor, vermutlich von Continental, aufgelistet, für den 44,5 PS angegeben wurden.

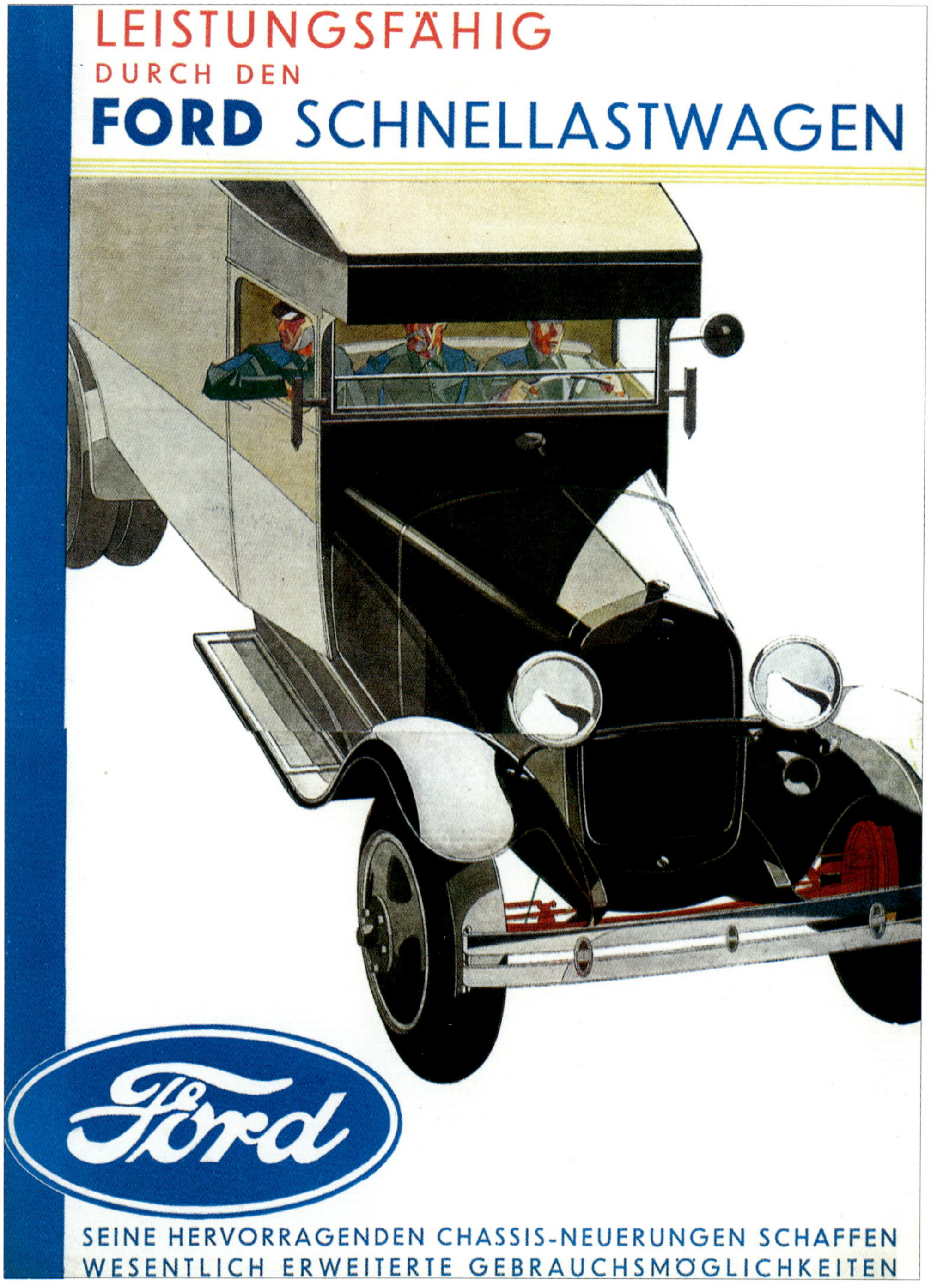

Links: *1926 begann die Ford Motor Company AG in einer Produktionsstätte im Berliner Westhafen mit der Montage von Lieferwagen auf Basis des amerikanischen T-Modells, um die hohen Importzölle zu umgehen. 1928 kam das Nutzfahrzeugmodell AA auf den Markt. Anfang der dreißiger Jahre wurde die Fertigung in ein neues Ford-Werk nach Köln verlegt. Der abgebildete AA von 1930 wurde noch in Berlin hergestellt. Sein Vierzylinder leistete 40 PS bei »normaler Fahrgeschwindigkeit«. Chrom-Silizium-Ventile und Leichtmetallkolben zeigten den damaligen Vorsprung der Amerikaner in der Metallurgie – nur auf hydraulische Bremsen mußte der Ford-Kunde verzichten.*

Im Zweiten Weltkrieg mußte Ford Köln die Produktion auf den Dreitonner konzentrieren. Nach dem Krieg war schnell ein neues Produktionsprogramm aufgebaut, das vom »Taunus« in Kombi- und Lieferwagenversionen bis zum 3-Tonner »Ruhr« bzw. ~~Rein~~ Rhein reichte. 3,5- und 4-Tonner dominierten das Programm, bis 1953 der FK 1000 vorgestellt wurde, der als Eintonner konzipiert war. Eigentlich handelte es sich wie bei so vielen Transportern um zwei Baureihen, da nur Kombi und Kastenwagen selbsttragend ausgeführt waren, die Pritsche hatte einen Rahmen. Bei der ersten Version saß der 38-PS-Vierzylindermotor aus dem M 12 vor der Vorderachse. Das sorgte zwar bei beladenem Fahrzeug für eine 50/50-Lastverteilung , leer erwies sich der Transit aber als kaum fahrbar. Um dieses Problem zu beseitigen, plazierte man den Motor 1955 hinter die Vorderachse. Dazu wurde eine Ausbuchtung an der Laderaumtrennwand nötig, doch das Fahrverhalten verbesserte sich spürbar. Zum Einbau kam nun der 1,5-Liter-Motor mit 55 PS aus dem 15 M.
Ab 1958 gab es einen 1,25-Tonner, ab 1963 einen 1,5-Tonner. Beide

Prospekte zeigen den FK, wie er die längste Zeit gebaut wurde: Der Motor sitzt hinter der Vorderachse und die Blinker sind auf der umlaufenden Sicke montiert. 1961 bekam die FK-Serie den Namen »Transit«.

Eine Neukonstruktion war der zweite Transit, der ab 1965 verkauft wurde. In England konstruiert und in belgischen Genk gebaut, handelte es sich um Fords erstes »Europa-Modell«. Er zeichnete sich durch eine kurze Haube und eine geneigte Frontscheibe aus. Heute sind fast alle Transporter so gestaltet. Geblieben waren die schwachen und durstigen Pkw-Motoren und der Heckantrieb.
Die erste Serie hatte einen niedrigen, weiß lackierten Kühlergrill und Nutzlasten von 600 bis 1750 kg.
1971 folgte die Serie mit dem rechteckigen Grill, der nicht bis unter die Frontscheinwerfer reichte. Gleichzeitig wurden die Typenbezeichnungen in FT 75, FT 100 und FT 175 geändert. Bald kam ein Dieselmotor dazu, für den ein längerer Vorderwagen gebaut wutde.
1978 kam die nächste Generation mit rechteckigen Scheinwerfern und einheitlich längerem Vorderbau; die V-Motoren machten Platz für Reihenmotoren. 1986 erschien der Nachfolger mit der Keilform.

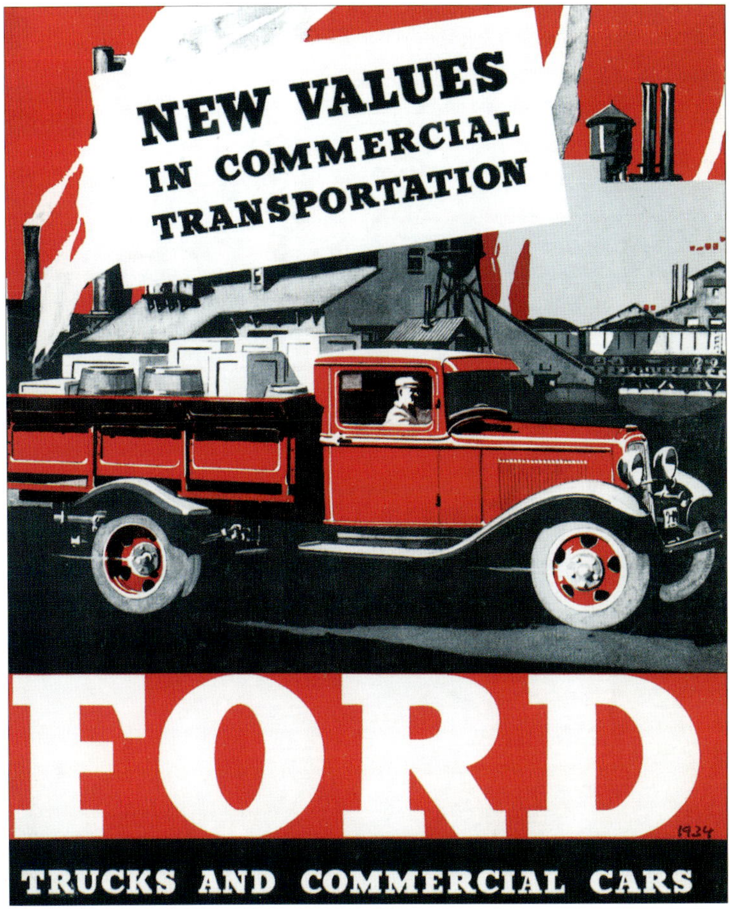

Unten: *1957 hielt die Pontonform auch bei den Pick-ups Einzug. Das gewöhnungsbedürftige Styling der Scheinwerfer wurde bereits im nächsten Jahr durch Doppelscheinwerfer ersetzt. Trotz der gravierenden Änderungen blieb es bei der erfolgreichen Typenbezeichnung F 100. Der Pick-up erhielt nun neben dem immer noch erhältlichen Sechszylinder mit 139 PS einen V8 mit 171 PS.*

Oben: *1903 begann Henry Ford in Detroit mit der Automobilproduktion, 1908 erschien das berühmten Model T. Drei Jahre später brachte Ford die erste Lieferwagenversion auf den Markt. Auch wurden viele T-Modelle nachträglich zu Nutzfahrzeugen umgebaut. 1917 erschien mit dem Model TT ein Eintonner mit längerem Chassis. Ende 1927 kamen das neue Model A und dessen Nutzfahrzeugvariante Model AA heraus. 1932 folgten B und BB. Im gleichen Jahr hielt der V 8-Motor Einzug in die Ford-Nutzfahrzzeugmodelle. Mit 75 PS machte er den BB zu einem attraktiven Fahrzeug.*
Das abgebildete Gesamtprogramm stammt aus dem Jahr 1934. Danach wandte sich Ford einer aerodynamischen Formgebung zu; Höhepunkt war der 1940er Ford V8, den es auch als Pick-up und als Lieferwagen gab. Noch vor dem Kriegseintritt der USA näherte sich die Formgebung der Lieferwagen der Pontonform an. Die leichten Lastwagen behielten jedoch grundsätzlich die Blechteile des Pick-up-Fahrerhauses, wie es in Amerika üblich war.

Frontlenker bekamen im Verteilerverkehr eine immer größere Bedeutung. Neben dem Chassis für den Parcel Delivery für die Aufbauhersteller wurde 1961 der Econoline Pick-up auf den Markt gebracht, gleichzeitig mit dem Chevrolet Convair und drei Jahre vor dem Dodge A 100. Als Antriebsaggregat erhielt er einen Sechszylindermotor von 85 PS; die Leistung wurde bis 1967/68 auf 105 PS angehoben.
Mit dem 1969er Modell ein vollkommen neues Fahrzeug vor, das mit einer kurzen Haube dem bald »Full-Size-Van« entsprach. Dabei blieb der V8 im ersten Produktionsjahr dem 12-sitzigen Club Wagon vorbehalten.

Oben: *Als Nachfolger des 1922 vorgestellten DKW-Dreirades erschien 1927 bei Framo ein kleines Lieferdreirad mit ca. 7 PS Leistung. Framo benutzte in seinen Prospekten bis 1936 meistens keine Typenbezeichnungen. Später waren Städtenamen wie bei den Güterwagen der Deutschen Reichsbahngesellschaft üblich, meist in Verbund mit einer Buchstabenkombination und dem Hubraum. Sowohl Framo als auch DKW gehörten dem dänischen Industriellen J. S. Rasmussen – dies erklärt, warum das erste Vierradfahrzeug auf der Basis eines DKW entstand. Eine eigenständige Entwicklung war das Dreirad LTH 200 mit geschlossenem Fahrerhaus und Einzylinder-DKW-Motor mit 7 PS, den es mit verschiedenen Aufbauten gab. Auch ein Sattelzug war in diesem Prospekt von 1936 mit seinen grellen Grundfarben abgebildet Später erhielt Manderbach eine Nachbaulizenz des Framo-Dreirades.*

Rechts: *Etwa 1934 wurde das Framo-Programm um einen Eintonner mit Hinterradantrieb ergänzt. Hier kam ein DKW-Zweizylindermotor (600 ccm, 18 PS) zum Einbau. Immerhin hatte das Fahrzeug Einzelradaufhängung. Der abgebildete Prospekt stammt von ca. 1936. Kurz danach gab es auch einen Ty HT 1200 mit einem Viertakt-Vierzylinder; dieser 1,2-Liter-Motor stammte aus dem Ford Eifel und leistete 34 PS.*
Ab 1938 erhielten alle Framo-Modelle große Kühlschlitze, die wie verstellbare Kühlklappen aussahen, an den Seitenflächen der Motorhaube. Jetzt wurde der Vierradlaster mit DKW-Motor »Chemnitz V 500« genannt, der mit dem Ford-Motor »München HT 1200«.

Oben: *Nach dem Krieg ging Rasmussen nach Dänemark zurück; die Sowjets hatten seinen Besitz enteignet. In dem Werk in Hainichen wurde noch der Framo 501 montiert, bis 1952 der V 901 auf den Markt kam. Er hatte den Dreizylinder-Zweitakter aus dem IFA F 8 erhalten.*
1954 wurde das Fahrzeug äußerlich modernisiert. Ab 1957 firmierte das Unternehmen als VEB-Barkas-Werke. Die Produktion des V 901/2 wurde 1961 eingestellt, als die Produktion des Barkas B 1000 aufgenommen wurde.

Oben: *1911 entstand durch den Zusammenschluß der Firmen Rapid und Reliance die Nutzfahrzeugabteilung des General-Motors-Konzernes (GMC). Nach dem Ersten Weltkrieg baute GMC unter anderem das Model 16 mit 750 bis 1000 kg Nutzlast. Später entstand die K-Baureihe vom Eintonner bis zum schweren Muldenkipper. Ein typisches Beispiel eines preisgünstigen 2- bis 2,75-Tonners zeigt dieser Exportprospekt, der 1930 von General Motors Continental S.A. in Amsterdam herausgegeben wurde. Zum Einbau kamen Sechszylinder mit 3,2- (T. 17 und T. 19) bzw. 4,2-Liter (T. 25) Hubraum und 58 bzw. 76 PS. Im Zweiten Weltkrieg fertigte GMC eine riesige Anzahl von 2,5-Tonnern für das Militär.*

Unten: *Auch nach dem Krieg blieb es bei der engen Verwandtschaft zwischen GMC- und Chevrolet-Nutzfahrzeugen. In der Regel unterschieden sie sich nur durch die Markenbezeichnung, einen anderen Kühlergrill und Ausstattungsdetails. Es gab also auch die leichtesten Pick-up-Versionen, meist 0,5-Tonner, als GMC. Nicht erhältlich waren die vom Pkw abgeleiteten Versionen wie den Chevrolet »El Camino«. Der abgebildete Serie 300 von Ende 1956, also ein 1957er Modell, ist ein typisches Beispiel, wie in Amerika auch größere Lastwagen unter Verwendng eines Pick-up-Fahrerhauses gebaut wurden. Durch die große Zahl von gleichen Blechteilen wurde eine günstige Kostensituation erreicht. Ganzstahlfahrerhäuser wurden so zur Selbstverständlichkeit.*

Die 1860 gegründete Landmaschinenfabrik in Dingolfing nahm 1950 den Bau von Motorrollern auf, drei Jahre später kam ein Lastendreirad in das Programm. Der gebläsegekühlte ILO-Einzylinder hatte 9,5 PS und trieb über Dreiganggetriebe, Gelenkwelle und Differential die Hinterräder an. Das Dreirad blieb bis 1955 in der Produktion.

Auf der Basis des 1954 entstandenen Goggomobil-Kleinwagens entstand dann ein Kleintransporter, der auch von der Post und anderen Behörden gekauft wurde. Es gab ihn als TL 250, TL 300 und TL 400, wobei die Zahl den Hubraum des luftgekühlten Glas-Zweizylindermotors angab. Bis zur Produktionseinstellung 1964 wurden über 3500 Fahrzeuge gebaut.

Die Marke Goliath gehörte zur Borgward-Gruppe. Erstmals tauchte diese Bezeichnung 1926 bei einen Frontlader auf, der auch die technische Basis für das Reichspostfahrzeug auf diesem Prospekt bildete. Unter der Firmenbezeichnung »Goliath-Werke Borgward & Co.« gab es den Goliath Standard mit Einzylinder-Ilo-Motor {7,5 PS}, dessen Luftkühlung als »Turbokühlung« bezeichnet wurde. Der Golath Rapid hatte 3,5 PS, der ab 1928 gebaute Vierrad-Pritschentransporter Goliath Express einen Ilo-Zweizylinder mit 14 PS. 1931 übernahm Borgward die Hansa-Lloyd-Werke. Die Firma hieß nun »Hansa Lloyd und Goliath-Werke«, so auch auf diesem Prospekt von 1930. Das Dreiradprogramm umfaßte die Typen Rapid (500 kg Nutzlast), Standard-K (750 kg Nutzlast) und Atlas (1-Tonner-Vierradfahrzeug) sowie natürlich den Goliath Front. Er erschien 1928 und bot dem Kunden das Gefühl, in einem richtigen Auto zu sitzen. Er war der Ausgangspunkt einer erfolgreichen Produktlinie, die später die Modelle F 200 und F 400 mit 500 und 750 kg Tragkraft umfaßte.
Interessant war die technische Konzeption des Fahrzeuges mit Hinterradantrieb über Kardanwelle und Differential. Damit wurden der Vorderreifen nicht mehr so stark beansprucht. In beladenem Zustand war auch die Traktion günstig. Dieser gezeichnete Prospekt stammt aus dem Jahr 1932 und wurde in einer Auflage von 30 000 Stück gedruckt.

Oben: *Nicht so erfolgreich wie die Dreiräder waren die Goliath-Vierradfahrzeuge. Nach dem eher entmutigenden Verkauf der Frontlenker Express und Atlas wurde mit dem L 500 bzw. L 600 im Jahr 1933 ein neuer Versuch gestartet, diesmal mit einem vom Dreirad abgeleiteten Haubenfahrzeug. Dieses Fahrzeug sah eher wie ein Lastwagen aus, auch wenn seine Ladefläche sogar im Vergleich zu den früheren Frontlenkern recht klein ausgefallen war. Als 0,75-, 1- und 1,2-Tonner wurde das Fahrzeug verkauft. Später wurde der Hansa-Lloyd Express, das kleinste Modell im Angebot der Tochterfirma, auch als Goliath Rekord offeriert. Der Eintonner hatte einen Vierzylindermotor mit 24 PS.*

Unten: *Nach 1945 wurde das stark zerstörte Hansa-Werk wieder aufgebaut, weil Borgward mit der Marke Goliath an die Erfolge der Vorkriegszeit anknüpfen wollte. Auf der Exportmesse 1949 in Hannover stand mit dem 0,75-Tonner GD 750 die erste Neuentwicklung.. Mit fast 30 000 gebauten Fahrzeugen war dieses Dreirad der größte Erfolg der Firma Goliath. Ausgerüstet war es mit einem Zweizylinder-Zweitakter mit zuerst 13, dann 14, 14,5 und schließlich 15 PS Leistung. Der Kampf um jedes halbe PS spricht für sich und die Zeit. Es gab etwa 40 verschiedene Aufbauten, mit denen jede Marktlücke abgedeckt werden konnte.*

Unten: *Ein Gegenstück zum VW-Transporter war der 1953 vorgestellte Goliath Express. Der Frontlenker hatte einen Zweizylinder-Zweitakmotor mit Bosch-Benzineinspritzung, Vorderradantrieb und eine Ganzmetallkarosserie. 1957 erhielt er einen modernen Vierzylinder-Boxermotor aus Leichtmetall mit 40 PS wie im Hansa. Das Dreirad wurde 1955 zum Goli weiterentwickelt. Haube und Fahrerhaus wirkten moderner und vor allem beim Kastenwagen wie aus einem Guß. 1957 wurde der Motor auf Wasserkühlung umgestellt. Leider litten die Goliath-Fahrzeuge oft oft an einer gewissen Unzuverlässigkeit. Bei diesem Gesamtprospekt von 1960 beherrschen die beiden Nutzfahrzeugmodelle und ein Hans Kombi die Straße. Mit dem Konkurs der Borgward-Gruppe kam 1961 auch das Ende für Goliath.*

Oben: *1951 folgte die Vorstellung des ersten Vierradlieferwagens von Goliath in der Nachkriegszeit. Der GV 800 (**G**oliath **V**ierrad) mit 800 kg Nutzlast. Mit seinen 16 PS war er schwach motorisiert, so daß bereits 1952 der GV 800 A mit 21 PS nachgeschoben wurde. Trotz des markanten Auftritts und der grundsätzlich modernen Konzeption verhinderte der Zweizylinder-Zweitakter mit seinen 465 ccm den Durchbruch auf dem Markt. Im Programm befand sich auch ein Kombi mit Holzaufbau, von dem aber nur 138 Stück gebaut wurden.*

Links: *1933 hatten Wilhelm Gutbrod und Gustav Rau die Standard Fahrzeugfabrik gegründet. 1938 erfolgte die Umbenennung in Gutbrod Motorenbau. Nach 1945 wurden die Fahrzeuge in Deutschland als »Gutbrod« verkauft. In einigen Exportmärkten blieb es aber bei der Firmenbezeichnung Standard. Ab 1946 gab es wieder den Vorkriegstyp »Heck 504«, jetzt aber mit 12 PS-Vierzylinder-Zweitaktmotor. Schon 1949 stellte das Unternehmen den 0,75-Tonner Atlas 800 vor. Er hatte einen Gutbrod-Zweizylinder-Zweitakter mit 16 PS und ein Fahrerhaus mit geteilter Frontscheibe. Später erhöhte man die Leistung auf 18 PS. Der abgebildete Prospekt zeigt das Fahrzeug recht orginalgetreu. 1951 erschien als Variante der Eintonner Atlas 1000.*

Rechts: *Diese Werbepostkarte von Hanomag zeigt den vom »Kommißbrot« 2/10 PS abgeleiteten Dreivierteltonner. Er stellt eine Weiterentwicklung eines Fahrzeuges dar, das Hanomag für Transporte im eigenen Werk gebaut hatte. Übrigens gab es von Kommißbrot eine Lieferwagenvariante. Der Kleinlieferwagen wurde ab 1927 gebaut. Allerdings war der Einzylindermotor nicht im Heck eingebaut, sondern saß zwischen den Vordersitzen. Über eine Kardanwelle trieb er die Hinterachse an. Als Aufbauvarianten gab es ein offenes und ein geschlossenes Fahrerhaus, Pritsche, Koffer und Kipper sowie eine Kleinfeuerwehr und einen Kleinbus. Ab 1930 baute Hanomag auch Lieferwagen auf der Basis von Personenwagen. Eine Spezialität von Hanomag waren Straßenschlepper. Auf dem verlängerten Chassis des SS 20 gab es auch einen Eintonner.*

Oben u. unten: *Als Hanomag den 1,5-Tonner-Schnellastwagen L 28 1950 vorstellte, wurde ihm viel Aufmerksamkeit entgegengebracht. Alle Mitbewerber hatten damals noch lange Hauben, separate Kotflügel und freistehende Scheinwerfer. Der ebenfalls neu konstruierte Motor war ein Diesel, ein Vierzylinder-Viertakter mit 2800 ccm und 45 PS.*
Von Anfang an war das Modell ein großer Erfolg. 1951 wurde seine Leistung auf 50 PS erhöht: 1953 erfolgte eine Synchronisierung des Getriebes. Ein langer Radstand und ein 0.85-Tonner-Pickup folgten. 1952 wurde ein 1.98-Tonner vorgestellt, ein Jahr später folgte der 2,5-Tonner mit Leistungssteigerung auf 65 PS durch ein Roots-Gebläse. 1955 ergänzte eine Allradversion das Programm, der AL 28 mit 65, später 70 PS. Außerdem erschien der 3-Tonner mit 70 PS. 1957 wurde die Modellreihe überarbeitet. Deutlichstes Unterscheidungsmerkmal war die Panorama-Windschutzscheibe mit unten angeordneten Scheibenwischern, die die alten geteilten und aufklappbaren Frontscheiben ablöste. Der L 28 wurde bis 1960 gebaut, die Allradversion AL 28 mit eckigem Fahrerhaus sogar bis 1963. Die beiden Prospekte aus den frühenfünfziger Jahren zeigen das Fahrzeug in überaus realistischen Zeichnungen.

Oben rechts: *Für die sechziger Jahre entwickelte Hanomag eine neue Generation von Schnellastwagen. Als Frontlenker mit neuen Zweitakt-Dieselmotoren wurden die Prototypen 1956 vorgestellt. Für die Modelle Kurier, Garant und Markant schuf man auch eine neue Prospektgeneration.*
Die Leistungen in den drei Baureihen betrugen 50, 65 und 70 PS aus jeweils 2,8 Liter Hubraum, die Nutzlasten 2, 2,5 und 3 Tonnen. Der abgebildete Prospekttitel wurde längere Zeit verwendet, hier stammt er vom Januar 1961.

Oben: *Als Tochtergesellschaft des Norddeutschen Lloyd wurde 1906 die NAMAG gegründet. Als Markenbezeichnung wählte man Lloyd. Zuerst wurden Elektrofahrzeuge gebaut, ab 1912 auch Armeelastwagen. 1913 übernahm das Bremer Unternehmen die Hansa-Werke und nannte sich in Hansa-Lloyd um. Im Ersten Weltkrieg wurden monatlich bis zu 200 Lastwagen gebaut; das Programm reichte vom 2,5- bis zum 4- und 5-Tonner. 1921 wurde das Produktionsprogramm durch einen 1,5-Tonner erweitert.*
Mit Vollgummireifen vorne und Elastikbereifung hinten konnte man noch nicht von einem Schnellastwagen sprechen. Immerhin holte der Vierzylinder 30 PS aus 3560 ccm Hubraum. Von den Bemühungen im Export zeugt die Herkunft dieses englischsprachigen Prospektes: Er wurde in den USA ausgegeben. Interessant ist auch die Art der graphischen Darstellung mit ihrem Spiel mit Licht und Schatten. Ein weiterentwickelter 1,5-Tonner blieb bis 1930 im Programm.

Unten: *1929 begann sich Borgward bei Hansa-Lloyd zu engagieren, 1931 erfolgte der Zusammenschluß. Jetzt stand die Marke Goliath für die leichten Nutzfahrzeuge. Eine Ausnahme bildete der Hansa-Lloyd Express, ein Eintonner Schnellieferwagen. Er war baugleich mit dem Goliath Express, der auch von der Hansa-Lloyd-Goliath-Werke AG. in Bremen hergestellt wurde. Damals ging es um eine günstige Ausgangsproduktion für die Verhandlungen zur Typenbeschränkung der deutschen Wirtschaft, die später als »Schell-Plan« bekannt geworden ist. Im Krieg wurde das Bremer Werk zerstört, sonst hätten dort wie bei Daimler-Benz der Opel Dreitonner fürs Militär gebaut werden müssen.*

Die japanische Firrma Hino wurde 1942 gegründet, um Schwerfahrzeuge mit Dieselmotor zu bauen. Nach dem Zweiten Weltkrieg konnte die Fertigung bald wieder aufgenommen werden, und bis 1960 stieg die Jahresproduktion auf 6000 Lastwagen und Busse. Als Ergänzung des Produktionsprogramms schoß das Unternehmen 1953 einen Lizenzvertrag mit Renault zum Bau des 4 CV. Ein leichter Transporter nach dem Vorbild der Renault Estafette folgte später. Er hieß in Japan »Commerce« und hatte einen Vierzylinder-Benzinmotor mit 28 PS, die Nutzlast betrug 500 kg. Auch gab es dieses Fahrzeug als Kleinbus.
Der abgebildete Commerce-Prospekt stammt von 1960. Der gleiche Motor war auch in dem Pick-up Briska eingebaut. Außerdem vermarktete Hino damals ein von der Firma Humbee gebautes Dreirad. 1966 begann die Kooperation mit Toyota; den Bau leichter Personenwagen und Nutzfahrzeuge stellte Hino zu diesem Zeitpunkt ein.

Die Hope Jidosha Co. Ltd. stellte von 1952 bis 1962 in Tokio leichte Nutzfahrzeuge her. Zuerst gab es ein Dreirad mit 350 kg Nutzlast und einen Einzylinder-Doppelkolben-Zweitakter. 1960 folgte ein Zweizylinder-Zweitakter mit 360 ccm und 17 PS Leistung in dem Dreirad ST. Ihn gab es auch in dem Vierradlieferwagen OT, der Fahrerhaus und Pritschenaufbau vom ST übernahm. Allerdings hatte er keine größere Nutzlast, weil das höhere Leergewicht die größere Tragfähigkeit der vier Räder wettmachte. Der Prospekt stammt von 1960/61. Typisch für die japanische Werbung dieser Zeit war es, die Fahrzeuge mit fröhlich lachenden Menschen darzustellen.

Links: *Das 1840 gegründete Unternehmen für Landmaschinen »International Harvester« baute 1907 seine erste Serie von 100 Auto Buggies, leichte Farmtransporter mit großen Rädern und einem luftgekühlten Zweizylinder-Viertakter unter der Ladefläche. Das war der Anfang eines der größten Nutzfahrzeugprogramme der Welt. Obwohl das Unternehmen später vorallem für seine mittelschweren Lastwagen bekannt wurde, gab es eigentlich immer auch leichte Modelle im Produktionsprogramm.*
Auch in Deutschland war International vertreten, wie dieser aufwändige Katalog von 1929 beweist, der viele Fahrzeuge in Deutschland im Einsatz zeigt, zusammen mit Referenzen ihrer Besitzer. Das Programm reichte vom 1- bis zum 2,5-Tonner, die alle den gleichen Sechszylindermotor aufwiesen. Über die Leistung sprach man nicht – wie bei Rolls-Royce.

Rechts: *Im März 1937 kam die neue D-Serie leichter Nutzfahrzeuge auf den Markt. Sie lösten die bei Willys-Overland gebauten und etwas antiquiert wirkenden Vorgängermodelle der Serie D1 ab. Als Pick-ups gab es zwei Halbtonner, einen mit einem Vierzylinder von 33 PS und einen mit einem Sechszylinder von 78 PS. Dann ging es mit dem Eintonner als leichtem Lastwagen weiter, daneben waren ein Panel Delivery und ein Kombiwagen im Programm. Während die Marke in Holland, Belgien, Skandinavien und in der Schweiz gut vertreten war, wurde es in Deutschland ruhig um die Marke International, obwohl es seit 1908 im Rheinhafen von Neuss ein deutsches Tochterunternehmen gab, das 1937 den Bau eigener Traktoren mit Benzinmotor aufnahm.*

1946 startete International mit dem gesamten Vorkriegsprogramm, darunter dem 1938 eingeführten Walk-Though-Modell, genannt Metro. Während sich Pick-up und Stationwagon am jeweiligen Lastwagen-Design orientierten, das wiederum die Personenwagenhesaltung der großen Marken reflektierte, tat sich beim Metro lange nichts, außer daß eine Version mit einem großen, geräumigen Kastenaufbau eingeführt wurde. Damit sah das Fahrzeug aus, als wäre es bei einem Schrotthändler entstanden. Der abgebildete Prospekt stammt von 1960 und zeigt bereits die Zukunft, genannt Metro-Mite.
Im gleichen Jahr gab es noch einen weiteren Anachronismus. Der Milchlieferwagen, ein Kastenwagen mit Stehhöhe, Schiebetüren und Pick-up-Vorbau, hatte immer noch das Styling von 1956, obwohl die anderen Modelle bereits eine Pontonkarosserie trugen. In Neuss begann 1963 die Produktion der mittelschweren Transstar-Lkw. 1985 übernahm Case den Landwirtschaftssektor von der International Harvester Company, die ein Jahr später in Navistar International umfirmierte.

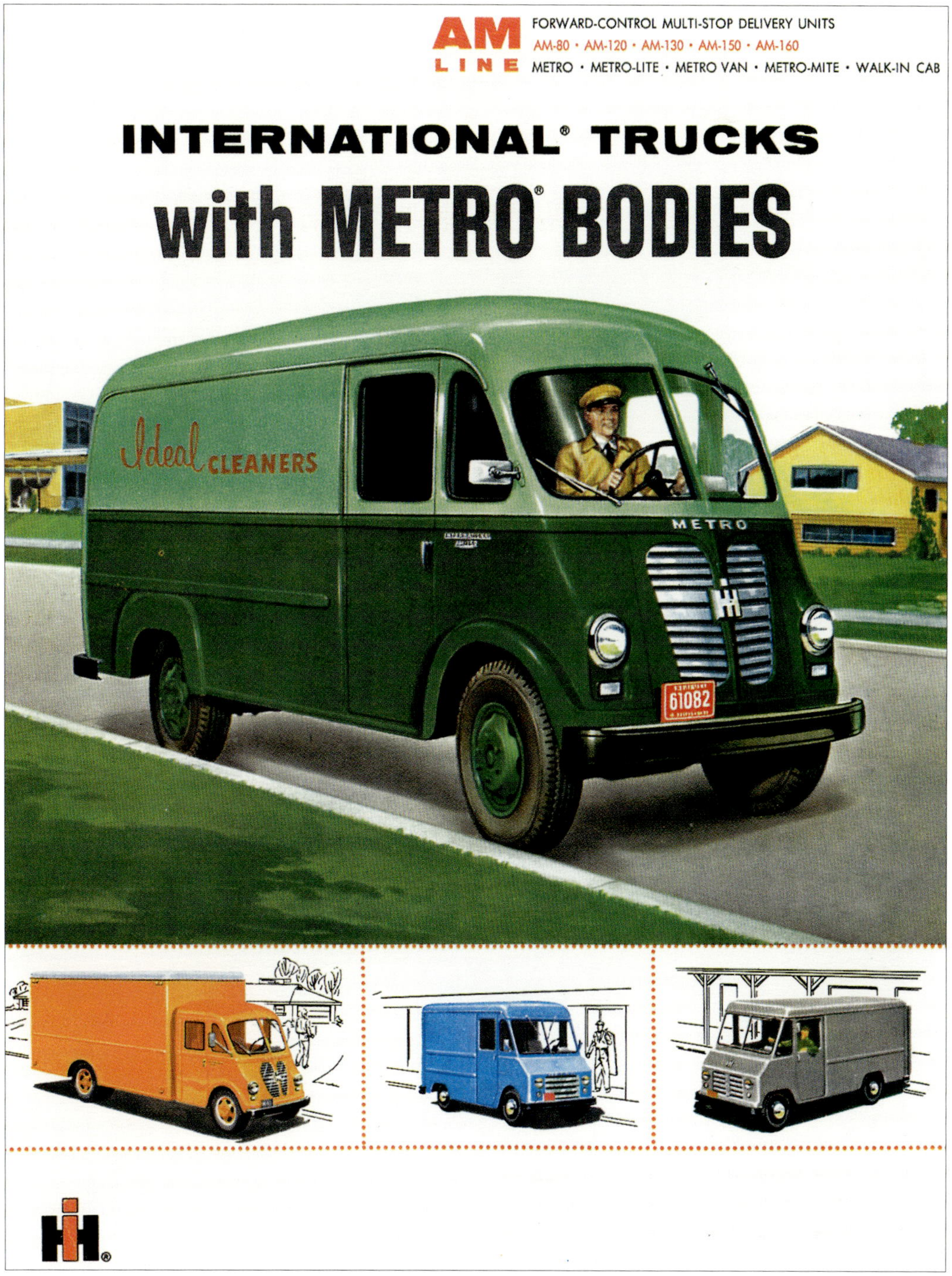

Die Firma Iso aus Bresso bei Mailand ist bekannt durch ihre leistungsstarken Sportwagen. Bis für ihre Herstellung genügend Kapital beisammen war, mußte Renzo Rivolta Kleinwagen bauen. 1948 kam der erste Iso-Motorroller heraus, von dem es später auch ein Lastendreirad gab. Höhepunkt der Rollerproduktion war die 1957 vorgestellte Iso Diva, die dem abgebildeten Isocarro 150 C auch ihren Zweitaktmotor lieh. 148,7 ccm und 6,9 PS bei 5000 U/min mußten für 450 kg Nutzlast und 770 kg Gesamtgewicht herhalten. Dafür gab es wenigstens etwas Wetterschutz. Rivoltas größter Erfolg war die Konstruktion der Isetta. Fronttür und viel Plexiglas ermöglichten einen radikalen Leichtbau. BMW und andere Firmen erwarben von diesem Fahrzeug eine Lizenz.
1954 lief die Produktion an. Kurz darauf gab es einen kleinen Lastwagen mit dem Isetta-Vorderwagen. Die 9,5 PS aus dem unterflur montierten Zweitakter mit 236 ccm Hubraum waren bei 460 kg Leergewicht kräftig gefordert. Die angegebenen 65 km/h wurden beladen nur bergab erreicht. Später kam als Motor ein Viertakt-Zweizylinder-Boxer mit 392 ccm und 14 PS zum Einbau. Es saß im Wagenbug und trieb die Hinterachse an. Ein Fahrerhaus mit seitlichen Türen ersetzte die Isetta-Teile. Neben einem Kastenaufbau gab es sogar einen Kombi von Michelotti auf dem Isocarro 400.

Links: *Die Vorläuferfirma von Isuzu, die Kyodo Kokusan Jidosha, war 1933 gegründet worden, um Militärfahrzeuge zu bauen. Ab 1949 hieß das Unternehmen Isuzu Motors Ltd. 1953 erweiterte eine Lizenzversion des Personenwagens Hillman Minx das Programm. Von ihm war auch der erste Isuzu-Transporter abgeleitet. Von Anfang an gab es neben dem Hillman-1,5 Liter-Vierzylinder-Benziner einen 52-PS-Diesel. 1954 kam ein Haubenfahrzeug mit 1,75 t Nutzlast auf gleicher Basis heraus, genannt Elfin. 1961 folgten der Pick-up Wasp und der Zweitonner Elf.*
Der abgebildete Prospekt wurde 1989 gedruckt und führt einen Vierzylinder-Benziner mit 88 PS und 1951 ccm auf sowie einen Vierzylinder-Diesel mit 65 PS und 2207 ccm. 1971 erwarb General Motors einen Anteil von 35 % an Isuzu und vermarktete den Nachfolger des Wasp, den Pick-up KB 20 mit 84 PS und 1,6 Liter Hubraum, in Amerika als Chevrolet Luv (Light Utility Vehicle) bezeichnet.

Rechts: *Im September 1940 stellte die American Bantam Co. im Rahmen eines Wettbwerbs den Prototyp für ein leichtes Geländefahrzeug vor. Doch den Zuschlag erhielt Willys-Overland. Nach dem Zweiten Weltkrieg entstand ein ganzes Programm auf der Grundlage des legendären Willy's Jeep, vom Postfahrzeug bis zum Utility mit langem Radstand.*
1956 wurde ein Frontlenker vorgestellt. Es gab ihn als 0,75-Tonner FC-150 (für **F***orward* **C***ontrol) mit 81 Zoll sowie als Eintonner FC-170 mit 103,5 Zoll Radstand. Der Vierzylinder des FC-150 leistete 72, der Sechszylinder des FC-170 115 PS. Ab 1962 gab es den FC-170 auch mit hinterer Doppelbereifung.*
1953 hatte Kaiser die Firma Willys übernommen. Ab 1963 wurde Kaiser-Jeep die Firmenmarke. Der Frontlenker lief 1965 aus, ohne ein Verkaufserfolg gewesen zu sein. 1970 übernahm American Motors Corporation das Unternehmen. Heute ist das Jeep-Label Teil von DaimlerChrysler.

Links: *Der schwedische Hersteller von Flurförderfahrzeugen und Containerumschlaggeräten, heute Teil von Sisu-Kalmar, baute 1965 für die heimische Post ein Lieferfahrzeug mit Glasfieberkarosserie und seitlicher Schiebetür. Als Antrieb diente der Motor des Daf 750 mit der Variomatik. Ab 1968 gab es auch eine Version, die sogar exportiert wurde. Sie hatte einen 34-PS-Daf-Motor mit inzwischen 844 ccm Hubraum und nannte sich Kalmar 441 B. Die Nutzlast betrug 450 kg. Diese Abbildung stammt aus dem Exportprospekt für die Schweiz. Der Bau des Fahrzeugs mußte eingestellt werden, weil die Kapazitäten von Kalmar durch das aufkommende Containergeschäft in Anspruch genommen wurden.*

Rechts: *Bei Innocenti entstand 1947 ein stabiler Roller mit Stahlrohrrahmen und einem 125 ccm-Motor. 1957 folgte die Serie TV 175, ein Jahr später die Li Serie. 1959 folgte die TV 175 Serie 2, eigentlich eine verkappte Li, und aus diesem Roller war ein Lastenroller entstanden. Begonnen hatte es 1948/9 mit einem Frontlader, 1955 folgte der erste konventionelle Hecklader mit 150-ccm-Motor. In späteren Jahren gab es dann den 600V mit geschlossenem Fahrerhaus, Lenkradsteuerung und 197-ccm-Motor. 1972 wurden die Produktionsanlagen für den Lambretta-Roller nach Indien an das Staatsunternehmen Scooter India verkauft.*

Links: *1906 wurde Lancia & C. in Turin gegründet. Zuerst wurden Personenwagen hergstellt, 1912 entstand der 2,2-Tonner 1Z, der in großer Zahl für das italienische Militär gebaut wurde. Bald wurden schwere und mittelschwere Lastwagen Lancias Spezialität. Aber erst 1950 entstand der Beta Z 11, ein Zweitonner mit einem Vierzylindermotor in U-Anordnung, der 46 PS aus 1908 ccm holte. Sein 1953 vorgestellter Nachfolger Z 50 erhielt einen Zweizylinder-Zweitaktdiesel. 1957 folgte der Beta 190, ein kompakter 2,5-Tonner mit dem gleichen Diesel mit noch immer 42 PS.*

Rechts: *1954 startete Lancia die Produktion des Kastenwagens Jolly, abgeleitet vom Personenwagenmodell Appia. Dem Kastenwagen folgte ein Jahr später eine Pritschenversion. Danach wurde der Jolly überarbeitet und erhielt die Technik aus dem Appia der zweiten Generation mit nun 36,5 PS. Beide hatten noch Heckantrieb. Die verbesserte Version besaß aber vordere Einzelradaufhängung mit Schraubenfedern.*
Der Superjolly bekam 1963 als erster italienischer Transporter Frontantrieb, der Motor war jedoch der gleiche wie im Jolly. Der Superjolly war sofort an seinen Doppelscheinwerfern und der niedrigen Ladekante erkennbar.
Der abgebildete deutschsprachige Prospekt zeigt die zweite Version des Jolly und stammt von etwa 1959. Er wurde einige Jahre lang ausgegeben. 1969 übernahm Fiat das Unternehmen Lancia und brachte es 1975 in die Iveco-Gruppe ein.

Oben: *Das 1896 gegründete britische Unternehmen für schwere Nutzfahrzeuge mußte sich nach der Gründung der British Leyland Motor Corporation 1968 auch mit leichten Nutzfahrzeugen befassen. 1970 erschien die Marke Leyland auf den meisten Märkten der früheren Austin-, Morris- oder BMC-Modelle. 1974 wurden die durch eine Neuentwicklung namens Sherpa abgelöst. Auf einigen Vorstellungsprospekten tauchte aber die Bezeichnung Austin-Morris auf. Über die Stationen Freightrover, Daf und LDV überlebte der Sherpa bis heute. Ursprünglich hatte er einen Vierzylinder-Benzinmotor mit 56 oder 65 PS bzw. einen Vierzylinder-Diesel mit 50 PS. Die Nutzlasten reichten von 660 bis 1168 kg. Der abgebildete Prospekt stammt aus dem Jahr 1977.*

Unten: *In Südaustralien beschäftigte sich Lightburn mit der Montage von Alfa Romeo-Fahrzeugen, aber auch mit dem Bau schwerer Nutzfahrzeuge und Motorboote. Die Entwicklung eines Kleinwagens war daher recht kühn. Der Motor dieses Mini-Pick-up mit 250 kg Nutzlast war ein Zweizylinder-Zweitakter mit 4 PS aus 324 ccm und taugte wohl eher für einen Rasenmäher. Von dem 1963 bis 1966 angebotenen Fahrzeug wurden etwa 400 Exemplare gebaut.*

Links u. unten: *Als Unternehmen der Borgward-Gruppe baute Lloyd ab 1950 den Kleinwagen LP 300. Bereits einen Monat nach dem Serienanlauf folgte ein Kleintransporter mit gleicher Technik, der LK 300. Im April 1951 erschien dann der Kombi KS 300. Alle wiesen den gleichen Zweizylinder-Zweitaktmotor mit 10 PS aus 300 ccm auf. Auf der Basis des 1953 vorgestellten LP 400 mit Ganzstahlkarosserie und 13 PS aus 400 ccm erschien im gleichen Jahr der Kleintransporter LTK 400 mit Sperrholzaufbau. Immerhin wurde die Karosserie nach einem Jahr auf Stahlblechbeplankung umgestellt, nur das Dach blieb aus Holz. Ab 1955 kam der Zweizylinder-Viertakter aus dem Lloyd Alexander zum Einbau. Doch auch 19 PS aus 596 PS halfen dem LT 600 nicht weiter. 1961 endete die Fertigung der Lloyd-Kleintransporter. Besonders aus der Frühzeit des LT 500 gibt es einige schöne Farbprospekte. Diese beiden zeigen noch den Holzaufbau des LT 500.*

Links: *Die Firmen Mack, Mackbilt und Maccar wurden alle drei von den Brüdern Mack gemeinsam oder einzeln gegründet. Letztlich blieb einer der Brüder bei dem erfolgreichsten Unternehmen, der International Motor Co. in Allentown, in das inzwischen Saurer und Hewitt eingetreten waren. Jack Mack startete 1912 zusammen mit Roland Carr das Unternehmen Maccar, das bis 1935 bestand. IMC bzw. Mack kümmerte sich mehr um schwerere Lastwagen und versuchten nur 1936-38 einen Ausflug in die 0,5- und 1-Tonner Klasse. Maccar dagegen startete mit 0,75- bis 1,5-Tonnern. Ab 1917 wurde das Produktionsprogramm bis zum 5,5-Tonner ausgedehnt. Maccar überlebte nur bis 1935.*

Links: *Die Feuerwehrgerätefabrik Magirus hatte 1916 mit dem Bau eigener Lastwagenchassis begonnen. Von 1921 bis zum Eintritt in den Deutschen Automobil Konzern (DAK) stellten die Ulmer euch einen einfachbereiften 1- bzw. 1,5-Tonner mit 26 bzw. 34 PS Leistung her. Besonders interessant war die 1933 abgeschlossene Konstruktion des M 10, ein Frontlenker mit 1000 kg Nutzlast bzw. 1300 kg Chassistragfähigkeit. Der Zweizylinder vom Typ P 2300 holte ca. 16 PS aus 594 ccm. Dieser Prospekt von Ende 1934 enthält bereits die ersten Referenzen. So verbrauche er nur die Hälfte des vorher eingesetzten 1,5-Tonners und sei sehr leicht zu waschen und zu pflegen, hieß es.*
Neben der Pritsche gab es auch einen Kasten und – wie es sich für Magirus gehört – eine Feuerwehr. Vom Konzept her könnte man den M10 als eine verbesserte Version des Hanomag Dreivierteltonners ansehen, dem er aber schon durch die größeren Räder überlegen war. Der M 10 wurde bis 1937 gebaut. Zu den Kunden zählten auch Reichspost und Reichswehr.

Rechts: *Lizenzproduktionen des Jeep gab es in der ganzen Welt. Das ungewöhnlichte Lizenzfahrzeug war wohl der Jeep Frontal aus Argentinien, der eine Zeit lang ein Borgward-Fahrerhaus mit dem Grill des Jeep Gladiator trug. Ganz »normal« hingegen war der Mahindra aus Indien mit langem Radstand und 72-PS-Motor. Es gab ihn auch mit noch längerem Radstand und verschiedenen Aufbauten, darunter als Ambulanz oder Minibus.*

Oben: *Leichte Lastwagen waren kaum je ein Thema für MAN. Die aus der Übernahme von Saurer in Lindau entstandene Nutzfahrzeugabteilung des Maschinenkonzerns bot selten kleinere Fahrzeuge als 2-, später sogar 3-Tonner an.*
Erst durch den Kooperationsvertrag mit Saviem im Jahre 1966 kamen leichtere Fahrzeuge in das Programm. Die Typen 270 und 475 hatten 1,7 bzw. 3,2 Tonnen Nutzlast und wurden von Saviem-Vierzylinder-Dieselmotoren von 70 bzw. 75 PS angetrieben. Vom 270 gab es auch einen Kastenwagen, er entsprach der Saviem-Baureihe SG 2.
Da in diese Zeit die Umstellung der Diktion von Nutzlast auf Gesamtgewicht fiel, gibt es einige Verwirrung in der Literatur. So spricht 1967 der gleiche Prospekt in seiner ersten Version von einem 2-Tonner, im Nachdruck aus dem gleichen Jahr aber vom 4-Tonner 270. Ein paar Monate davor war der 4-Tonner noch der 475, der nun zum 6-Tonner geworden war. Später lauteten die Typenbezeichnungen 4.70 bzw. 6.85. Die Version mit 3,2 Tonnen Nutzlast erhielt einen 85-PS-Motor. Schließlich kamen der 5,70 F soowie der 7.85 F mit 2,1 und 4,5 Tonnen Nutzlast hinzu. Außerdem gab es den 5.70 F Kastenwagen als Tiefladeversion mit Frontantrieb.
Eine Nummer höher angesiedelt waren die parallel dazu gebauten Typen 5-136 bis 8.136 mit Gesamtgewichten von 7,49 bis 12,3 Tonnen und Saviem-Fahrerhaus. Nach dem Ende der Saviem-Kooperation entwickelte MAN gemeinsam mit VW die G-Modelle 6.90 bis 10.136.

Unten: *1899 gründete L. Manderbach im Dillkreis einen Wagnerbetrieb für Pferdefuhrwerke. 1928 erschien das erste Lastenmotorrad, ein Vorderlader mit DKW-Motor und 300 kg Nutzlast. 1931 stellte das Unternehmen einen Hinterlader mit Witterungsschutz und 7 PS-DKW-Motor vor. Dann erwarb Manderbach eine Lizenz für das Framo-Dreirad. Der Manderbach Condor war als steuer- und führerscheinfreie Version mit 200 ccm-DKW-Motor oder gegen Aufpreis mit 300 ccm erhältlich. Als Condor Nr. 5 gab es sogar einen Möbellieferwagen mit »verstärkter Bereifung und doppelter Federung«. Im Zweiten Weltkrieg mußte das Unternehmen Fahrzeugumbauten für die Wehrmacht ausführen.*

Links: *Nach dem Zweiten Weltkrieg meldete sich Manderbach mit einem Vierrad-Lastwagen zurück, hervorgegangen aus der Konstruktion eines Einheitstypes aut Schell-Plans von 1939. Er hatte einen 1172-ccm-Benzinmotor mit 34 PS von Ford, wie er auch im Taunus zu finden war. 1955 wurde als Variante ein 1-Tonner mit 55-PS-Ford-Motor (1,5 Liter) vorgestellt. Allerdings konnte das Haubenfahrzeug nicht gegen die modernen Transporter mit Ganzmetallaufbau konkurrieren. Die Firma Manderbach ging dazu über, sich als Aufbauhersteller zu spezialisieren.*

Rechts: *Auch Maserati hat Nutzfahrzeugen hergestellt. Bereits 1940 gab es ein Lieferprogramm von Elektro-Lastwagen. Kleinstes Modell war der EC10, ein Dreirad mit geschlossenem Fahrerhaus und 500 kg Nutzlast. 1948 wurde der »Muletto« vorgestellt, ein 1-Tonner als Frontlenker mit rundlichem Fahrerhaus. Er hatte einen Zweizylinder-Zweitaktmotor mit 15 PS und 550 ccm Hubraum.*
1953 gab es eine Überarbeitung des Designs. Dabei erhielt der Muletto einen Lüftungseinlaß über der Windschutzscheibe. Dieses Typenblatt gibt die Version von 1953 wieder.

Oben: *Viele Hersteller von Motorrädern kamen in den zwanziger und dreißiger Jahren über eine lokale oder regionale Bedeutung nicht hinaus. Einige bauten auch Lastenmotorräder, bei denen sich statt des Vorderrades ein Kasten zwischen zwei Rädern befand. Zuverlässige Motoren lieferten DKW und von JAP. In jeder größeren Stadt gab es genügend Gewerbetreibende als Kundschaft, vorallem für die führerscheinfreien 200-ccm-Versionen. Ein Hersteller solcher Lastenmotorräder war auch Karl Mayr in München, der ab 1922 seine »Cyclette« und vermutlich ab 1926 dieses Lastendreirad baute. Sogar den amtlichen Bestelldienst des Münchner Hauptbahnhofs konnte er als Kunden gewinnen. 5 PS aus 200 ccm oder 6,5 PS aus 300 ccm standen zur Wahl. Zur Nutzlast macht der Prospekt keine Angaben, üblich waren jedoch 250 bis 500 kg.*

Unten: *Mit einer interessanten Idee versuchte die Maytag-Mason Motor Company, gegründet 1908 als Mason Motor Company, auf den Markt zu kommen. Ihr »Two-in-One« Fahrzeug konnte innerhalb von 20 Minuten vom Lieferwagen in einen offenen Tourer umgebaut werden, so versprach es zumindest der Prospekt. Dazu mußte der Lieferwagenaufbau abgenommen werden. Zielgruppe waren Geschäftsinhaber, die sich keine zwei Fahrzeuge leisten konnten. Eingebaut war ein Zweizylinder Boxermotor mit 25 PS. 1911 stellte Maytag die Fahrzeugproduktion ein, hatte dann aber mit Kühlschränken großen Erfolg.*

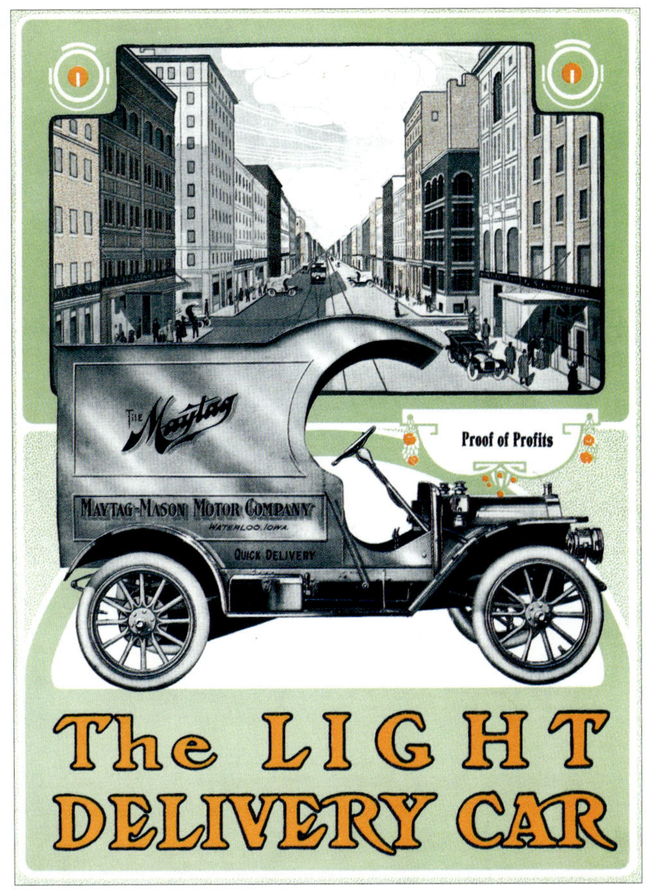

Unten: *Sowohl Daimler als auch Benz boten schon früh Lieferwagen auf Pkw-Chassis an. Diese Tradition wurde auch nach dem Zusammenschluß im Jahre 1926 weitergeführt. Bekanntestes Fahrzeug war der L 1000 auf dem Fahrgestell des Mercedes Stuttgart aus den späten zwanziger Jahren, der 1931 vom L 1100/L abgelöst wurde. Daneben gab es 1926 den 1,5-Tonner Typ L1, der als richtiger Lastwagen konstruiert war. Er wurde noch mit einem Vierzylindermotor vorgestellt, bekam aber ab 1927 wie alle Mercedes-Benz dieser Zeit einen Sechszylinder-Motor. Dieser leistete 45, später 50 PS aus 3680 ccm. Der L1 war bei Aufbauherstellern sehr beliebt, da er einen geraden Rahmen hatte. 1930 wurde er vom L 2000 abgelöst. Dieser prächtig gezeichnete Prospekt, sicher der schönste aus dieser Serie, stammt aus dem Jahr 1929.*

Oben: *Das 1920 als Hersteller von Korkprodukten gegründete Unternehmen Toyo Cork Kogyo baute 1931 sein erstes Mazda Nutzfahrzeug, ein Lastendreirad mit 486-ccm-Motor. Nach dem Zweiten Weltkrieg wurde das Programm ausgeweitet. Spitzenmodell war 1965 der T 2000 mit einem 81 PS starken Vierzylinder-Diesel und 2 Tonnen Nutzlast. 1958 wurde der erste Vierradlieferwagen vorgestellt, ein Halbtonner der D-Serie. 1960 entstand der erste Mazda-Kleinwagen und ein davon abgeleiteter Pick-up. 1959 wurde der D 1100 und sein größerer Bruder, der D 1500 angeboten. Sie hatten 46 PS und 1139 ccm bzw. 60 PS und 1484 ccm. Die Nutzlasten der Kurzhauber, deren Design heute schon wieder interessant sein könnte, betrugen 1000 und 2000 kg. Der abgebildete Prospekt wurde 1962 verteilt. Beide Versionen gab es sowohl mit Pritsche als auch in Pick-up-Ausführung. 1971 wurde der B 1600 vorgestellt, der in den USA sehr erfolgreich war. Bereits seit 1965 bestanden Kontakte zu Perkins, die schließlich im 2- bis 3-Tonner-Frontlenker Titan ihren Niederschlag fanden.*

Unten: *Als nach dem Zweiten Weltkrieg die mittleren und schweren Lkw und die Busse wieder am Markt plaziert waren, machte man sich bei Daimler-Benz Gedanken darüber, wie auch das Transporter-Segment besetzt werden könnte. Das Ergebnis war der auf der IAA 1955 vorgestellte L 319. Mit dem Dieselmotor aus dem 180 D mit 43 PS war der 1,75-Tonner allerdings nicht gerade stark motorisiert. Der L 319 folgte, und auch er verbarg mit seinem geräumigen Aufbau und einigen stilistischen Anleihen bei den SL-Typen seine simple Technik. Aber die Reihe verkaufte sich gut; 1965 konnte der 100 000ste Mercedes-Transporter das Band verlassen. 1967 wurde sein Nachfolger vorgestellt, der L 406/408.*

Oben: *1937 feierte bei Mercedes-Benz der 1,5-Tonner seine Rückkehr in das Produktionsprogramm. Für den L 1500 gab es zwei Sechszylindermotoren mit jeweils 45 PS. Der Diesel hatte 2545 ccm, der Benziner 2245 ccm. Der Dieselmotor wog 140 kg mehr. 1939 bekam der L 1500 das rundlichere Fahrerhaus, mit dem er auf diesem Prospekt vorgestellt wurde. Die technischen Daten blieben jedoch gleich. 1940 folgte der L 1500 S bzw. sein allradgetriebener Bruder L 1500 A. Er wurde oft als Feuerwehrchassis verwendet. Sein neuer Benzinmotor leistete 60 PS aus 2594 ccm. Es gab ihn auch als Kübelwagen.*
Dieses Fahrzeug führte die spitze Kühlerform und die waagrechten Schlitze in der Seitenverkleidung der Motorhaube in das Nutzfahrzeugdesign von Mercedes-Benz ein – ein erster Schritt zu einer einheitlichen Gestaltung von Mercedes-Personen- und-Lastwagen.

Oben: *Den Sektor der leichten Transporter deckte Mercedes-Benz durch Firmenzukäufe ab. 1970 wurde der Hanomag-Henschel-Transporter (ex Tempo) als L 206 mit 55 PS-Dieselmotor und dem Stern ausgerüstet und somit als ein robustes Fahrzeug in das Programm integriert. Noch abenteuerlicher war der Weg des in Deutschland nie angebotenen N 1000 bzw. N 1300. 1958 hatte Daimler-Benz die Auto Union übernommen, um in deren Düsseldorfer Werk den L 319 bauen zu können. Im spanischen DKW-Werk Imosa war ab 1960 der F 1000 L gebaut worden, der kam ebenfalls in die Obhut von Daimler-Benz und wurde einige Zeit als N 1000 / N 1300 weitergebaut. Die Weiterentwicklung dieses Fahrzeuges hieß MB 100, MB 130, MB 150 und MB 170, wobei die Ziffern die Nutzlasten in zehn kg angeben. Als Motoren kamen Mercedes-Vierzylinder-Diesel mit 58 und 72 PS aus 1998 und 2399 ccm zum Einbau. Optisches Unterscheidungsmerkmal war ein breiter, schwarzer Kühlergrill, ~~der die Rechteckscheinwerfer umschloß~~.*

Unten: *Die Fahrradfabrik Minerva in Antwerpen baute 1897 ihr erstes Motorrad und 1899 ihren ersten Kleinwagen. Davon abgeleitet gab es bereits einen Lieferwagen, und 1913 erschien auch ein 2,5-Tonner im Programm. 1923 wurde die Nutzfahrzeugproduktion mit einem 2- und einem 4-Tonner wieder aufgenommen. Schwerpunkt blieben jedoch stets luxuriöse Personenwagen. Mit einem Sechszylindermotor aus dem Pkw war auch dieser 1,5-Tonner 1932 entstanden. Er leistete 40 PS und brachte über ein Dreiganggetriebe das Fahrzeug auf 70 km/h. Vierradbremsen mit einer Servounterstützung von Dewandre sorgten für eine gute Verzögerung. 1936 wurde Minerva zur Nutzfahrzeugabteilung von Imperia, dem anderen großen belgischen Fahrzeughersteller. 1938 erschien sogar ein Frontlenker-Lieferwagen mit 500 kg Nutzlast. Obwohl das Unternehmen nach dem Zweiten Weltkrieg weiter existierte, kam die Serienproduktion von Nutzfahrzeugen nicht mehr in Gang, wenn man von einer Montage von Geländewagen das belgische Militär absieht.*

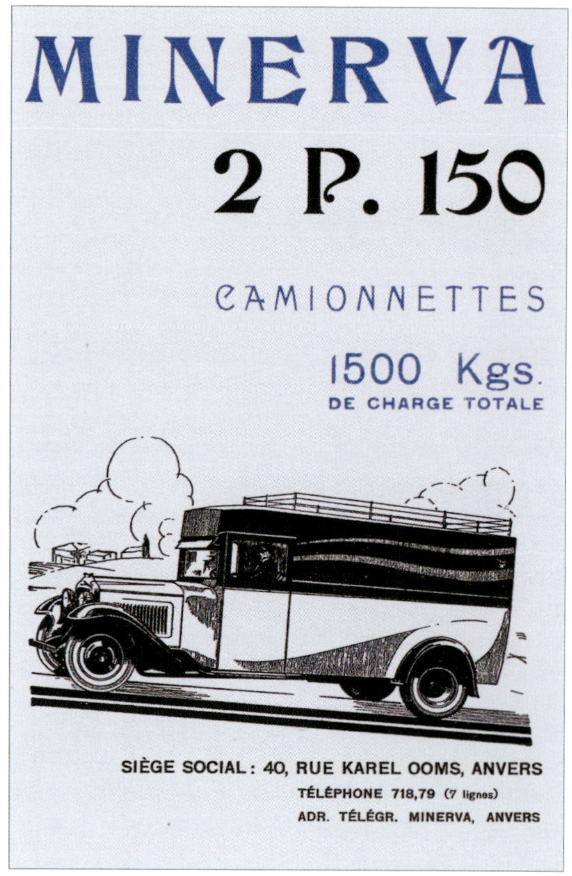

Unten: *1913 gründete William Morris, der spätere Lord Nuffield, in Cowley (Oxford) eine Fahrzeugfabrik. Bereits ein Jahr später erschien die erste Lieferwagenversion des Morris Oxford. 1924 wurde in Birmingham ein Werk für schwerere Nutzfahrzeuge gebaut; diese Modelle wurden unter der Marke Morris-Commercial verkauft. Anfangs gab es auch einen einfach aufgebauten 1-Tonner, der den US-Importen Paroli bieten sollte Traditionell gab es bei Morris von den meisten Pkw-Typen Lieferwagen-Derivate. Bekannte Beispiele sind der winzige Morris Minor und auch der Mini. Meist waren 0,25-Tonner und ein 0,5-Tonner im Programm, wie auf diesem Prospekt aus dem Jahr 1950, als noch die 1940 vorgestellten Vorkriegstypen der Serie Z und Serie Y verkauft wurden. Sie hatten Vierzylinder-Benzinmotoren mit 29,6 bzw. 34 PS aus 918 bzw. 1547 ccm. Der Y wurde noch im gleichen Jahr durch den Cowley abgelöst. Den Z ersetzte 1953 der Morris Minor, den es auch als Pick-Up und als Lieferwagen gab.*

Oben: *Dreiradlieferwagen mit Ilo- oder JAP-Motor zu vermarkten, versuchte auch die Monos-Fahrzeugfabrik in Berlin. Ihr wichtigstes Konstruktionsmerkmal war die Achsschenkellenkung der Vorderräder. Diese Tatsache fällt auch bei der Graphik des Prospektes sofort ins Auge. Er kam 1929 heraus und beschreibt das Fahrzeug mit einem JAP-Motor mit 350 ccm und 8,5 PS Leistung. Daß er ein Jahr später verteilt wurde, beweist die handschriftliche Änderung auf 500 ccm und 13,8 PS. Auch findet sich ein Stempeleindruck für eine alternative 600-ccm-Version mit 14,8 PS. 1928 soll es auch einen 5,5 PS starken Ilo-Motor gegeben haben. Das 1928 gegründete Unternehmen verschwand bereits 1930 wieder vom Markt.*

Im Zweiten Weltkrieg baute Morris-Commercial erfolgreich leichte Allrad-Zugmaschinen und davon abgeleitet einen 0,75-Tonner. Nach dem Krieg wurde allerdings das Fehlen eines eigenen Dieselmotors spürbar. Experimente mit dem Import und der Weiterentwicklung fremder Dieselmotoren schlugen fehl, selbst der robuste Saurer hielt die englische Überarbeitung nicht aus. 1951 kam es zum Zusammenschluß von Austin und Morris, 1956 fiel das »Commercial« aus der Markenbezeichnung weg. Der Morris J mit 500 kg Nutzlast blieb bis 1960 im Programm. Dies war der letzte Prospekt, der ihn beschreibt.
Mit seiner Schiebetüre entsprach der Frontlenker dem englischen Zeitgeschmack. Der Vierzylinder mit 1489 ccm leistete 42 PS bei 4000 U/min. Mit einem Vierganggetriebe und einer 12-Volt-Anlage war der J 1960 immer noch ein modernes Fahrzeug.

1920 baute Carlo Guzzi in Como sein erstes Motorrad, 1928 entstand das erste Transportdreirad. An ein Einzylinder-Motorrad hatte man einfach ein verlängertes Heckteil mit angetriebener Hinterachse angebaut. Das so entstandene Fahrzeug wurde Typ 107 genannt und taugte für 350 kg Nutzlast. 1946 erschien der Ercole (Herkules) mit 1500 kg Nutzlast, den es auch mit Kastenaufbau und als Kipper gab. Es gab auch einen Edile, ein einfaches Fahrzeug ohne Federung mit 1350 kg Leergewicht, aber 3,5 Tonnen Nutzlast. 1956 erschien der Ercolino mit nur 192 ccm und 7,5 PS. Die Nutzlast betrug 350 kg, später gab es wahlweise eine auf 590 kg ausgelegte Version. 1962 wurde das Programm um den kleinen Aiace erweitert, der vom Leichtmotorrad Zigolo 110 abgeleitet war. 4,2 PS aus 110 ccm sollten für 250 kg Zuladung ausreichen. Es war ein Fahrzeug, das speziell in den Städten Kleintransporte ermöglichen sollte.

1965 folgte sogar ein noch kleineres Fahrzeug, das vom Moped Dingo abgeleitet war. Das Dingotre hatte 48,9 ccm und 1,47 PS bei 200 kg Nutzlast. 1968 bis 1971 gab es das Ciclocarro Furghino, mit oder ohne Seitentüren lieferbar. Auch ein Kofferaufbau war zu bekommen. Der Einzylinder-Zweitakter leistete 1,5 PS aus 49 ccm. Die Nutzlast war mit 190 kg bzw. 158 kg beim Kastenaufbau angegeben. Das Fahrerhaus bestand aus Kunststoff. In Italien durfte man dieses Gerät bereits mit 14 Jahren und ohne Führerschein fahren.

In Griechenland entwickelte sich in den sechziger Jahren eine eigene Tradition von Dreiradfahrzeugen. Wie Motoemil in Thessaloniki, baute MotoCar in Athen seit 1967 ein Dreirad unter Verwendung vieler Teile der europäischen Pkw-Industrie. Zum Einsatz kamen je nach Wunsch des Kunden neue oder überholte VW- oder Ford-Motoren. In diesem Prospekt wird der Motor des Ford Taunus 1200 genannt. Das Fahrerhaus bestand aus glasfaserverstärktem Kunststoff, die Nutzlast wurde mit 350 kg angegeben. Die Fertigung soll 1970 eingestellt worden sein.

Unmittelbar nach dem Ersten Weltkrieg hatte Agusta begonnen, Flugzeuge zu bauen. Als dies nach dem Zweiten Weltkrieg nicht mehr möglich war, stieg das Unternehmen auf die Herstellung von Motorrädern um. 1947 erschien das erste Transportdreirad, der Motocarro 98 als Vorderlader mit 250 kg Nutzlast, Hinterradantrieb und gelenkten Vorderrädern. Rohre und Bleche waren zu einem Rahmen verbunden.
1955 versuchte das Unternehmen einen neuen Anlauf, diesmal mit einem konventionellen Dreirad auf Basis des 175er Motorrades. Der Einzylinder leistete 8 PS, die Nutzlast betrug 350 kg. 1959 erschienen die Dreiräder Centauro und Treve, die auch einen Wetterschutz boten. Sie hatten ein eigenständiges Chassis aus Stahlblech bzw. Rohren und Blech sowie 350 bzw. 700 kg Zuladung. Beide hatten Einzylinder-Viertaktmotoren. Der Centauro entwickelte 7 PS aus 150 ccm, der Trevere 9, später 10 PS aus 232 ccm. Die Produktion des Centauro wurde 1966 eingestellt, die des Trevere 1968.
Im Jahr 1957 versuchte sich MV Agusta an einem richtigen Transporter. Auf den ersten Blick ähnelte das Emmevi Diesel genannte Fahrzeug einem Tempo Matador oder Wiking; die Nutzlast betrug 1000 kg. Der Motor war eine Spezialität, nämlich ein Zweizylinder-Viertaktdiesel mit 1097 ccm und 27 PS bei 2700 U/min. Mit einem Viergangetriebe und einer Untersetzung standen 8 Vorwärtsgänge zur Verfügung. Ein stabiler Rohrrahmen sollte den damals in Italien noch sehr aktiven Aufbauherstellern entgegenkommen. Die Höchstgeschwindigkeit betrug 72 km/h. Der Dieselverbrauch wurde mit 6,25 Liter auf 100 km angegeben. Im Prospekt gab es sogar ein deutschsprachiges Einlegeblatt, jedoch darf man bezweifeln, ob je ein Fahrzeug nach Deutschland ausgeliefert wurde.

Unten: *1934 wurde die Nissan Motor Co in Yokohama in Japan gegründet, um Personenwagen und Nutzfahrzeuge unter den Marken Datsun und Nissan herzustellen. Nach amerikanischen Vorbildern entstanden Fahrzeuge mit 3,7-Liter-Sechszylindermotoren. Als Datsun gab es einen winzigen Pick-up, der einem Austin Seven ähnelte und bereits damals die Tradition der vom Pkw abgeleiteten Datsun-Pick-ups begründete. 1951 wurde der 4x4 Patrol vorgestellt, von dem es später ebenfalls einige Pick-up-Varianten gab. 1956 folgte der erste Leichtlastwagen, der Nissan Junior. Als B42 hatte er eine Nutzlast von 1750 kg. Bald erschien als leichtere Variante der NB42 mit 1250 kg Nutzlast. Beide hatten einen Vierzylinder-Viertakt-Benzinmotor mit 57 PS aus 1489 ccm. Für die relativ hohe Leistungsausbeute sorgten eine hohe Verdichtung und ein Doppelvergaser, nicht gerade üblich im Nutzfahrzeugbau. Übrigens ging dieser Motor auf die Lizenzproduktion des Austin A 50 Personenwagen zurück. 1959 erschien eine Frontlenker-Variante mit 2 Tonnen Nutzlast. Der abgebildete Prospekt stammt aus dem Jahr 1960. Aus dem Junior-Frontlenker wurde der Caball entwickelt.*

Oben: *Als deutsches Montagewerk für Fiat-Kleinwagen baute NSU-Fiat in Heilbronn nach dem Krieg den Fiat 500, gefolgt von den Modellen 600 und 500. Das letzte Modell war der 770 Jagst, der bis 1969 gebaut wurde. In zwischen war das Unternehmen in Neckar Automobilwerke AG umbenannt worden. 1963 stellten die Heilbronner einen Dreiradtransporter vor, der unter dem Namen Pully verkauft werden sollte. Die Antriebseinheit kam vom Fiat 500 und war unter der Ladepritsche hinter der Hinterachse angeordnet. Der Zweizylinder war auf 15 PS gedrosselt. Die Nutzlasten betrugen 700 bzw. 650 kg. Zu einer Produktion kam es jedoch nicht, weil die Marktchancen als zu gering eingeschätzt wurden und die Produktion des 500 in Deutschland nicht langfristig geplant war.*

Unten: *Ein Stück deutsch-deutscher Nachkriegsgeschichte stellt die Marke Norwed dar. Zwischen der Aufhebung der Berlinblockade im Mai 1949 und dem Mauerbau im August 1961 gab es zwischen den beiden Teilen Deutschlands durchaus Wirtschaftsbeziehungen.*
Norwed-Bauer in Braunschweig versuchte in Westdeutschland Framo-Lieferwagen aus der DDR an den Mann zu bringen. Hierzu konnte die Firma Vertretungen in ganz Deutschland gewinnen. Meistens waren es Motorrad- oder Pkw-Händler, die auf ein Nebengeschäft hofften. In München verkaufte die Horex-Generalvertretung den Framo Pritschenwagen 1956 für 4500 DM. Der Braunschweiger Importeur lockte mit nur 15% Anzahlung, langfristiger Restfinanzierung und Höchstpreisen bei der Inzahlungsnahme von Gebrauchwagen. Bald nahm Norwed auch den Garant 2-Tonner und den H3A in das Verkaufsprogramm auf.

Oben: *1966 erwarb Nissan die Firma Prince und konnte damit zwei weitere Transporter in das Programm aufnehmen: die Typen Homer und Clipper. Das ungewöhnliche Frontstyling des Clipper stammte noch von Prince. Früher hatte das Fahrzeug dort sogar sechs ovale Kühlluftöffnungen im Frontblech. Inzwischen war der Vierzylinder auf 99 PS aus 1983 ccm erstarkt, die Nutzlast betrug 2 Tonnen. Bald wurden Junior und Clipper zugunsten des E 20 eingestellt. Dafür wurde der 2,2 Liter-Dieselmotor, den es zuerst nur im Junior gab, auch in den Transportern angeboten.*

Links: *Die Neckarsulmer Fahrradwerke gingen aus einer 1873 gegründeten Strickmaschinenfabrik hervor. 1901 nahmen sie die Produktion von Motorrädern auf, 1906 folgte das erste Automobil. 1904 entstand das erste Lastendreirad, ein Vorderlader mit Lenkrad statt Lenkstange und 3,5 PS. Bereits von den ersten Automobilen gab es auch Lieferwagen-Versionen, und ab 1912 wurde dieser Bereich weiter ausgebaut. Es gab vier Baureihen mit Nutzlasten von 200 bis 900 kg und Motorleistungen von 11 bis 30 PS. Der abgebildete Prospekt stammt aus den frühen zwanziger Jahren.*

Rechts: *1957 stellte das polnische Unternehmen Nysa seinen ersten Prototypen vor, den Transporter N 57. Davor wurden nur Komponenten und Aufbauten gefertigt. Ein Jahr später entstanden die ersten Serienfahrzeuge, gleichzeitig mit dem ebenfalls polnischen Zuk, der bei Lublin gebaut wurde. Beide basierten auf Komponenten des FSO Warszawa. Der Vierzylindermotor hatte 57 PS und 2120 ccm, die Nutzlast betrug 800 kg. Als Höchstgeschwindigkeit wurden in diesem Prospekt aus dem Jahre 1959 100 km/h angegeben. Neben dem Kastenwagen gab es einen Kleinbus und eine Ambulanz.*

1968 wurde ein neu gestalteter Aufbau vorgestellt, der mit seinen geteilten Panoramascheiben und den großen Türen an englische Vorbilder erinnert. Bei der Technik war vieles beim alten geblieben. Allerdings entwickelte der Motor des inzwischen Typ 521 genannten Transporters jetzt 67 PS. 1977 wurde die FSO-Technik durch die vom Polski-Fiat ersetzt. Die Typenbezeichnung des optisch unveränderten Fahrzeuges lautete nun 522. Der abgebildete Prospekt zeigt noch den Typ 521. Ein Importeur in Gießen versuchte das Fahrzeug in Deutschland anzubieten.

Die Maschinenfabrik Willy Ostner in Dresden war 1921 gegründet worden und baute 1924 die ersten Motorräder. Anfang der dreißiger Jahre entstanden die ersten Dreirad-Lieferwagen. Es waren Hinterlader mit geschlossenem oder halbgeschlossenen Fahrerhaus und dem Motor über dem angetriebenen Vorderrad. Zum Einsatz kamen Einzylinder-Zweitakter mit 198 ccm und 5 PS, wahlweise von Ilo oder DKW. Gegen Aufpreis war auch ein 300-ccm-DKW-Motor erhältlich. Nutzlasten wurden in den meisten OD-Prospekten nicht angegeben, so auch nicht in diesem Exemplar aus dem Jahre 1932.
1934 wurde diese Baureihe zu den Typen L 205 bzw. L 250 weiterentwickelt, die einen 200- bzw. 250-ccm-Motor und eine Motorhaube hatten und nun unter der Marke O. D. Rex verkauft wurden. Es gab es auch stärkere Versionen bis zu 12,5 PS. 1933 folgte der Rex 4 Front, ein Eintonner mit 670-ccm-Zweizylinder-Zweitaktmotor, der 18 PS leistete. Er hatte ein Dreiganggetriebe und Frontantrieb. Mitunter wurde er einfach als Rex-Vierrad oder als Typ F 670 bezeichnet.
1937 Stellte O.D. die firmeneigene Version des Einheits-Eintonners vor. Das Rex 4 genannte Fahrzeug hatte den Vierzylindermotor aus dem Ford Eifel mit 34 PS, während die Hiterachse aus dem Ford V 8 stammte. Motorhaube und Fahrerhaus waren etwas höher, so daß das Fahrzeug mehr wie ein kleiner Lastwagen aussah. Nach dem Zweiten Weltkrieg wurde das Dresdner Ostner-Werk verstaatlicht.

Willy Ostner gründete in Sulzbach-Rosenberg das »Werk 2» und begann dort 1949, den etwas modernisierten Eintonner weiterzubauen. Wieder kam der 34-PS-Ford-Motor zum Einsatz, das Getriebe lieferte ZF. Selbst die Typenbezeichnung Rex 4 blieb bestehen. Neu waren die Motorhaube und die Kotflügel mit integrierten Scheinwerfern. In diesem Prospekt aus dem Jahr 1950 wurde auf das 30-jährige Firmenjubiläum hingewiesen.
1951 gab es bereits eine Vielzahl von Aufbauvarianten, darunter auch Doppelkabine und Viehtransporter. 1953 erschien der 1,5 to Rex-Diesel mit einem Vierzylinder-Viertakt-Diesel von IHC mit 36 PS und 2 Liter Hubraum. Der holländische Importeur Van Hamme ließ sich einen Zweizylinder-Zweitakt-Turbodiesel von JW mit 45 PS einbauen. Zum Schluß gab es den 1,5-Tonner noch als Frontlenker. 1955 mußte Ostner an Faun verkaufen. Die Produktion ging mit Faun- und mit Ostner-Beschriftung weiter, bis 1957 der Faun Eilfrachter anlief.

Oben: *Die Eisen- und Stahlwerke Oehler in Aarau in der Schweiz bauten seit 1928 elektrische Transportfahrzeuge. Als im Zweiten Weltkrieg auch in der Schweiz Benzin und Diesel knapp wurden, weitete Oehler sein Programm aus und baute Fahrzeuge vom Flurförderkarren bis zum 5-Tonner. Dabei wurden auch Benzinfahrzeuge auf Elektrobetrieb umgebaut. Bekannt ist eine Drehleiter der Elektrizitätswerke Zürich auf einem Chevrolet-Chassis. Neben dem Hauber auf dem Prospekttitel aus der unmittelbaren Nachkriegszeit gab es auch Frontlenker mit geschlossenem oder halbgeschlossenem Fahrerhaus. Später konzentrierte sich Oehler auf zwei Modelle mit 2 und 4 Tonnen Nutzlast.*

Unten: *1907 wurde in Wien die Austro-Fiat gegründet, um Fiat-Fahrzeuge in Österreich-Ungarn zu montieren und zu vertreiben. 1911 begann die Produktion. Sehr bald wurden einzelne Typen selbst konstruiert, beginnend mit Subventionslastwagen. 1925 wurden die Verbindungen mit Fiat beendet, 1928 die Produktion von Personenwagen eingestellt. Auf der Wiener Frühjahrsmesse 1924 wurde der Schnellastwagen AFN vorgestellt, der bis 1937 im Programm bleiben sollte. Dieser 1,5-Tonner war seiner Zeit weit voraus. Er hatte serienmäßig Pneumatikbereifung und anfangs 32 PS Leistung. Später wurde der Vierzylindermotor mit 2850 ccm weiterentwickelt und leistete 42, am Schluß sogar 50 PS. Bald war ein geschlossenes Fahrerhaus üblich. ÖAF hatte außerdem von 1929 bis 1937 den 0,75-Tonner AF Junior bzw. 1001 im Programm. Von 1935 bis 1938 gab es den 1,25-Tonner AFL. Dafür wurde der AFN in diesem Zeitraum auf 2 Tonnen Nutzlast aufgelastet. Die leichteren Fahrzeuge hießen übrigens weiterhin Austro-Fiat. 1938 übernahm MAN das Unternehmen. Nach der Beschlagnahme durch die sowjetische Besatzungsmacht wurden ab 1948 Elektrotransporter gebaut. 1951 wurde der 2-Tonner 2D50 vorgestellt. 1969 begann der Annäherungsprozeß zwischen ÖAF und MAN.*

Links: *Die Opel-Werke stellen ein weiteres Beispiel für die klassische Entwickung eines Nähmaschinenherstellers zum Automobilfabrikanten dar. 1862 hatte Adam Opel in Rüsselsheim seine mechanische Werkstatt gegründet, 1887 begann er mit dem Bau von Fahrrädern. 1899 folgten Automobile, 1900 erschien der erste 4 PS-Kastenwagen System Lutzmann. 1907 folgte ein Lieferungswagen mit eigenem Motor. Noch vor dem Einstieg von General Motors 1929 war Opel eine der modernsten Automobilfabriken Europas mit Fließbandfertigung und einem straffen Typenprogramm.*
Interessant war der 10/30 PS Eintonner, der den amerikanischen Leichtlastwagen der Zeit ähnelte. Ein großer Fortschritt waren die Neuentwicklungen mit GM-Unterstützung. 1931 wurden die Opel Blitz getauften 1,5-, 2- und 2,5-Tonner-Schnellastwagen mit von Buick übernommenen Motoren vorgestellt. Im Januar 1936 wurde das neue Nutzfahrzeugwerk in Brandenburg eingeweiht, dessen Montagehalle mit 178 x 136 Meter als die modernste in Europa galt. Die Fertigung des neuen 3-Tonners Opel Blitz S wurde noch im gleichen Jahr aufgenommen. Er verließ das kantige Design der früheren Blitz-Typen zugunsten weicherer Linien. 1938 folgte der 1,5-Tonner mit 59 PS. 1944 wurde das Werk Brandenburg von Amerikanern zerbombt, 1945 die Reste von Sowjets demontiert.

Rechts: *Bereits 1946 konnten im Werk Rüsselsheim wieder die ersten 1,5-Tonner Blitz mit Hilfe neuer Werkzeuge gefertigt werden. Der Motor kam aus der Pkw-Fertigung; es war der Sechszylinder-Benzinmotor aus dem Opel Kapitän mit 2473 ccm und 55 PS. Erst 1948 übernahm GM wieder die Kontrolle über das Werk.*
Von 1949 an gab es auch wieder einen 3-Tonner-Blitz. Vorallem der 1,5-Tonner erwies sich als beliebte Basis für Aufbauten durch Karosseriehersteller. Die gefälligen Linien dieses Hebmüller-Aufbaus beweisen das.

Unten: *Der 1959 als Nachfolger vorgestellte 1,9-Tonner-Kurzhauber erreichte die Zahlen seines Vorgängers nicht mehr. Immer noch fehlte ein Dieselmotor. Der alte Graugußmotor war inzwischen auf 2605 ccm und 70 PS gebracht worden. Die Panoramascheibe gewährte eine gute Übersicht und Aufbauvarianten gab es in reicher Zahl. 1963 bis 1969 gab Opel noch einmal 100 kg Nutzlast dazu. Aus dieser Periode stammt auch das Sattelschlepper-Typenblatt. 1966 wurde das Programm überarbeitet; die Haube fiel kantiger aus, und als Nutzlasten wurden 1,9 und 2,1 Tonnen genannt, ein Jahr später zusätzlich 1,7 und 2,4 Tonnen. Ein Vierzylinder-Benzinmotor mit 70 PS aus 1897 ccm ergänzte den alten Sechszylinder, der nun 80 PS aus 2490 ccm holte. Endlich war 1968 auch ein Vierzylinder-Diesel mit 60 PS aus 2112 ccm erhältlich, geliefert von Peugeot. 1975 mußte der Blitz die Bänder in Bochum, wo er ab 1964 gefertigt worden war, für den Kadett freimachen. Der Bedford-Blitz, der als Nachfolger präsentiert wurde, konnten an den Erfolg früherer Jahre nicht anknüpfen.*

Oben: *1952 kam mit dem 1,75-Tonner ein völlig neues Fahrzeug mit amerikanisch beeinflußtem Design auf den Markt. Obwohl immer noch kein Dieselmotor verfügbar war, wurde der »Weichblitz«, wie er später getauft wurde, mit fast 90 000 gebauten Einheiten ein großer Erfolg. Noch immer kam der Sechszylinder aus dem Kapitän zum Einsatz. Er hatte 2473 ccm und nun 58, später 62 PS. Opel vermarkete damals bereits konsequent die Sonderaufbauten, die Aufbauhersteller für den Blitz anboten.*

Rechts: *Der Palten war eine Kopie des VW-Transporters, wenn auch mit aufwendigerer Technik. Im Heck arbeitete ein luftgekühlter Zweizylinder-Viertakt-Diesel in V-Anordnung mit 90 Grad Zylinderwinkel nach einem Entwurf von Prof. List, gebaut von J. Warchalowski in Wien. Der Motor hatte 1020 ccm Hubraum und leistete 20 PS. Die Hinterachse war als Pendelachse mit Schraubenfedern konstruiert; vorne gab es Einzelradaufhängung. Mit 1000 kg Leergewicht und 800 kg Nutzlast übertraf der Palten den VW nur minimal. Der Prospekt stammt aus dem Jahr 1954.*

Unten: *Als Nachfolger für den D 3/D 4 erschien 1966 der J 7 mit ~~Heckantrieb~~ Frontantrieb. Peugeot engagierte sich zu dieser Zeit sehr für den Dieselmotor und belieferte bald viele Hersteller, darunter auch Opel. Ein typisches Aggregat war der 1948 ccm-Vierzylinder im J 7 mit 1400 kg Nutzlast, mit 57 bis 63 PS. Daneben gab es auch Benzinmotoren. Je nach Markt und Steuergesetzen wurden Nutzlasten von 1100 bis 2100 kg und die verschiedene Motorvarianten angeboten. Leider wurde der J 7, wie viele andere Transporter dieser Zeit, bald berüchtigt für seinen rostanfälligen, filigranen Stahlblechrahmen. Der Prospekt mit der freundlich lächelnden Französin kam 1969 heraus. 1980/81 folgte der überarbeitete J 9.*

Oben: *1894 war das Gründungsjahr von Peugeot. Seit der Frühzeit gab es Lieferwagen-Aufbauten auf den verschiedenen Personenwagen. 1898 erschien ein Eintonner-Lastwagen mit 8 PS. Vor dem Zweiten Weltkrieg gab es einige vom Pkw abgeleitete leichte Nutzfahrzeuge, darunter den MKN von 1937/38 mit stromlinienförmigem Aufbau und Scheinwerfer hinter dem Kühlergrill. 1950 nahm Peugeot den Transporter von der inzwischen übernommenen Firma Chenard-Walker ins Programm, der mit dem Vierzylinder-Motor des 203 ausgerüstet war. Er wurde als D 3 bezeichnet und hatte 1400 kg Nutzlast. Der abgebildete Gesamtprospekt, der auch die Nutzfahrzeugvarianten des Typ 203 zeigte, stammt aus dem Jahr 1955. Ab diesem Jahr erhielt der D 3 den Motor des 403 und wurde als D 4 bezeichnet.*

Oben: *Der Pfeil war der typische Versuch einer Maschinenfabrik, mit einem neuen Produkt vorhandene Kapazitäten auszulasten. Die Firma Osenbrück in Bremen baute diesen Vierradwagen mit einem seitlich vor dem linken Hinterrad angebauten Einzylinder-Zweitaktmotor von Ilo mit 7,5 PS. Die Nutzlast wurde mit 500 kg angegeben; es standen zwei Radstände zur Wahl. Neben dem abgebildeten Kastenwagen gab es auch eine Pritsche mit abnehmbaren Holzbordwänden. Allerdings fand das primitive Gefährt nur wenige Käufer.*

Unten: *Die Fahrzeuge der Beijing Motor Works in der Volksrepublik China hießen im Export Peking. Das 1967 gegründete Unternehmen stellte zunächst Allradfahrzeuge her. Der BJ 212 diente mit einfachster Technik dem Transport auf unwegsamen Routen, die Nutzlast betrug 2,2 Tonnen. Ein 2445-ccm-Vierzylinder-Benzinmotor mit 75 PS trieb das Fahrzeug über ein Vierganggetriebe an.*

Die Marke Phänomen geht auf die 1888 gegründete Textilmaschinenfabrik Hiller zurück. Nach Fahrrädern und Motorräder entstand 1907 das Motordreirad Phänomobil. Anfangs hatte es einen Zweizylindermotor mit 7 PS, der über dem Vorderrad montiert war. Vor den Zylindern saßen zwei Ventilatoren, die auch im Stand oder bei niedrigen Geschwindigkeiten für eine Kühlung sorgten. Die Nutzlast des Zweizylindermodells betrug 250 kg. 1912 erschien eine Variante mit einem ebenfalls luftgekühlten 12-PS-Vierzylindermotor und 600 kg Nutzlast. Dieses Modell ist in der Anzeige in der Zeitschrift Motor, Ausgabe September/Oktober 1922, abgebildet.

1911 stellte Phänomen seinen ersten Personenwagen auf der IAA in Berlin vor. Er hatte einen wassergekühlten Vierzylindermotor mit 28 PS. und war auch als Lieferwagen geplant. 1927 wurde die Herstellung von Phänomen-Personenwagen eingestellt; im gleichen Jahr erschien der 4 RL, ein Dreivierteltonner mit luftgekühltem Vierzylindermotor von 1548 ccm Hubraum. Das Handbuch des RDA gab 1928 eine Leistung von 16 PS an. Bis 1929 hatte der 4 RL eine schräge Motorhaube, dann folgte die abgebildete Version mit konventioneller Kühlerverkleidung. Inzwischen gab es den 4 RL auch als Eintonner.
1931 entstand der 1,5-Tonner Granit 25, dessen ebenfalls luftgekühlter 40-PS-Vierzylindermotor 2497 ccm hatte. Die Pritsche war für eine Nutzlast von 1700 kg ausgelegt. Später wurden beim Kastenwagen und beim Bus die Scheinwerfer in die Motorhaube integriert. Außerdem wurde der Granit 30 mit 2,3 bis 3,5 Tonnen Nutzlast und einem Vierzylindermotor mit 56 PS aus 3054 ccm in das Programm aufgenommen. Der abgebildete Prospekt stammt von 1937 und beschreibt beide Versionen.

Links: *Nach dem Zweiten Weltkrieg wurde der 1,5-Tonner unverändert als Granit 27 weitergebaut, 1951 aber auf 2 Tonnen aufgelastet. 1953 wurde der Granit 30 bzw. 32 mit 55-PS-Benzinmotor mit 3000 ccm Hubraum und als 52-PS-Diesel mit 3181 ccm Hubraum vorgestellt, jeetzt mit in das Frontblech eingelassenen Scheinwerfern, wie dieser Prospekt zeigt. Die Fahrzeuge wurden praktisch unverändert bis 1960 gebaut.*

Rechts: *Die 1898 gegründete Fahrradfabrik Presto begann wenig später mit dem Bau von Motorrädern. 1907 entstand das erste Automobil nach Delahaye-Lizenz; ein Jahr später folgte die erste Eigenkonstruktion. Noch vor 1914 gab es Lieferwagen auf Pkw-Basis mit 300 bis 1000 kg Nutzlast. Der abgebildete Schnellastwagen vom Typ L1t basierte auf dem Typ P 14, der ab 1914 gebaut wurde. Sein Vierzylinder-Blockmotor hatte 40 PS und Wasserpumpenkühlung. Die »Geschwindigkeit auf guter, ebener Straße« betrug 45 km/h. Ab 1921 gab es als Einheitstyp den 9/30 PS Typ D, der mit 750 kg Nutzlast auch als Lieferwagen erhältlich war.*

Links: *1952 entstand die Marke Prince als Ableger der Nakaijama Flugzeugwerke. Zuerst entstand ein Personenwagen mit einem 45-PS-Vierzylindermotor von 1,5 Liter Hubraum, dann wurde ein Frontlenker-Eintonner in das Programm aufgenommen. Die Leistung des kleinen Vierzylinders wurde bis 1959 auf 70 PS gesteigert. Die Nutzlast wurde auf 1750 kg angehoben. Der abgebildete Prospekt von 1962 zeigt einen Zweitonner mit 96 PS und 1862 ccm Hubraum. Als Programmergänzung wurde der Eintonner Clipper eingeführt. 1966 übernahm Nissan das Unternehmen.*

Rechts: *1952 gründete Gregorio Ramirez die Firma Trailers de Monterey und begann im Folgejahr begann mit der Produktion des Überlandbusses Sultana. Schwere Lastwagen folgten. In den sechziger Jahren entstand bei Ramirez ein Mini-Pick-up unter der Bezeichnung Ramses. Später ergänzte das Modell Rural mit Vier- oder Sechszylinder-Benzinmotoren von General Motors das Angebot. Er wurde. Es gab auch eine Version mit Dieselmotor. Auf der Basis dieses Pick-up entstand der Frontlenker Reparto mit einer Tonne Nutzlast. Er hatte einen 4,1-Liter-Sechszylinder-Benzinmotor von GM von 136 PS Leistung.*

Links: *1898 baute Louis Renault seinen erstes Automobil, zwei Jahre danach folgte der erste Lieferwagen. Leichte und schwere Lieferwagen auf Pkw-Basis gab es stets im Renault-Programm. Ein typisches Beispiel ist dieser Type AFR aus den späten dreißiger Jahren, dessen Vierzylindermotor 2,4 Liter Hubraum hatte und 48 PS leistete. Ein 0,5-Tonner auf der Basis des Celtaquatre ergänzte das Programm nach unten.*

Rechts: *1946 wurde der Kleinwagen 4 CV vorgestellt. Eine Nummer größer war der Juvaquatre, von dem es eine Lieferwagen-Version gab. Ebenfalls 1946 präsentierte die Régie Nationale des Usines Renault die Camionette 1000 kg, dessen aus dem Juvaquatre übernommene 46-PS-Frontmotor 2383 ccm hatte und die Hinterachse antrieb. Später gab es eine um 400 kg aufgelastete 2141-ccm-Version mit 56 PS. Ein Pritschenwagen mit 1400 kg Nutzlast ergänzte das Programm. Auf seiner Basis entstand der Typ Galion mit 2,5 bis 3 Tonnen Nutzlast. Später wurden der Eintonner als Voltigeur und der 1,4-Tonner als Goélette bezeichnet. Der Eintonner erhielt zum schließlich sogar einen Dieselmotor. 1956 wurde das Renault-Nutzfahrzeugprogramm mit Floriat, Latil und Somua zur Saviem-Gruppe zusammengeschlossen. Ab diesem Zeitpunkt wurden bis zur Übernahme von Berliet 1978 unter der Marke Renault nur noch Transporter verkauft.*

Links: *1960 wurde die Renault Estafette als Nachfolger des Juvaquatre eingeführt – der erste Renault mit Frontantrieb. Anfangs kam der 845-ccm-Dauphine-Motor zum Einbau, ab 1962 der des R 8 mit 1108 ccm. Die Nutzlast betrug etwas über 600 kg. Zuerst gab es die Estafette als offenen Tieflader, als Kasten und als Kombi, später kam ein Luxusbus dazu. Alle Versionen hatten einen sehr niedrigen Fahrzeugboden.*

Rechts: *1963 wurden die in die Jahre gekommenen Typen Galion, Goélette und Voltigeur durch die Modelle Super Goélette und Super Galion abgelöst. Anfangs hatten beide einen eigenständigen Kühlergrill mit drei Öffnungen und einer Reihe Kühlschlitze darüber. Später wurde die neue Frontgestaltung eingeführt, und so wurden die Fahrzeuge auch von MAN und Alfa Romeo verkauft. Der Motor saß immer noch hinter der Vorderachse, doch nun gab es rundherum Schraubenfederung. Der Benzinmotor mit 2141 ccm leistete nun 65 PS, der 2702-ccm-Diesel 70 PS. Ihre Kariere beendete diese Modellreihe als Renault SG 2 mit 72-PS-Benziner oder 85-PS-Diesel. Der Super Galion hieß später Renault SG 4.*

Oben: *1904 verließ Ransom E. Olds verließ die von ihm ins Leben gerufene Firma Oldsmobile und gründete Reo. 1908 stellte das Unternehmen in Lansing, Michigan, seinen ersten Lieferwagen her. 1915 begann mit der Einführung des »Speedwagon« eine echte Erfolgsstory. Interessante Versionen wie der variable Aufbau, sorgfältige Verarbeitung, Luftbereifung und ein selbst entwickelter 30-PS-Motor machten den Speedwagon zum Bestseller. 1919 waren bereits 20 000 Fahrzeuge gebaut, damit war Reo der größte Hersteller von luftbereiften Lastwagen. In der Regel waren die Speedwagon Eintonner, doch einige Jahre gab es auch Dreivierteltonner.*
1925 kam ein Sechszylindermodell hinzu. Ende der zwanziger Jahre gab es einen Speedwagon Junior als Halbtonner. Inzwischen hatte sich Reo auch einen Namen als Hersteller schwerer Lastwagen gemacht.

Unten: *Obwohl schwere Nutzfahrzeuge bei Reo immer mehr Bedeutung gewannen, blieb der Speedwagon im Programm. Der abgebildete Eintonner aus dem Jahr 1937 war so gestaltet, daß er den Eindruck eines richtigen Lastwagens vermittelte. Das blieb so, bis White 1957 das Unternehmen übernahm. Ein Jahr später kaufte White auch Diamond-T und verlegte die Produktion in das Reo-Werk. Nicht vor 1967 wurden die beiden Unternehmensteile zu Diamond-Reo zusammengeführt.*

Unten: *Ein Orginalentwurf, wie er den Rollfix sehr gut charakterisiert. 1927 war die Firma in Hamburg gegründet worden. Konstrukteur war Otto Daus, der später mit Tempo Nutzfahrzeuggeschichte schrieb. Das erste Modell war ein einfacher Frontlader mit 250 kg Nutzlast und einem 2,25-PS-DKW-Motor. 1931 gab es als Spitzenmodell den R 400 mit 750 kg Nutzlast und 12,5 PS starkem Ilo-Motor, zwei Jahre später folgte ein Hecklader mit geschlossenem Fahrerhaus. 1937 mußte das Unternehmen mangels Nachfrage die Produktion einstellen.*

Oben: *1894 begann die französische Firma Rochet-Schneider mit der Herstellung von Personenwagen. 1906 entstand der erste Lastwagen mit Vierzylindermotor, auf dem bis 1922 das gesamte Produktionsprogramm fußte. Daher hatten auch die abgebildeten Fahrzeuge in diesem Faltprospekt, der kurz nach dem Ersten Weltkrieg gedruckt wurde, den bekannten Vierzylinder. Das Lieferwagenchassis war für eine Nutzlast von 800 kg ausgelegt, während das Lastwagenchassis mit 1500 oder 2000 kg Nutzlast lieferbar war. In den dreißiger Jahren beschäftigte sich Rochet-Schneider mit dem Dieselmotor und baute vor allem schwere Lastwagen. 1951 wurde das Unternehmen von Berliet übernommen.*

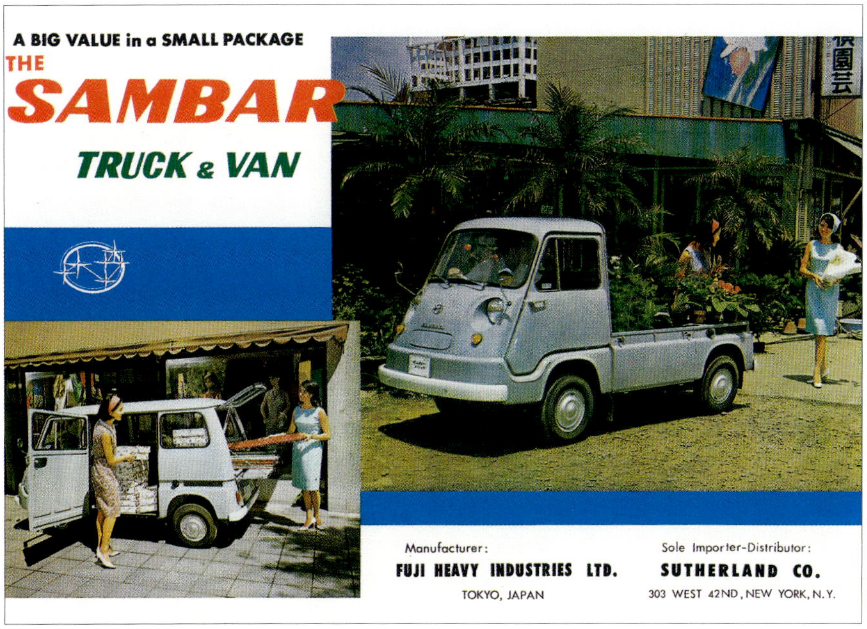

1958 entstand Subaru als Marke der Fuji Heavy Industries. Erstes Produkt war ein Kleinwagen mit einem luftgekühltem 346-ccm-Zweizylinder-Zweitaktmotor von 16 PS. 1963 folgte der Kleintransporter Sambar mit 350 kg Nutzlast, der Zweizylindermotor war inzwischen auf 20 PS erstarkt.

1975 kam der Halbtonner Minijumbo mit wassergekühltem Motor hinzu. 1977 gab es auch einen Viertakter mit 490 ccm aus dem Personenwagen. 1978 folgte der 4x4 Pick-up namens Brat, mit dem Subaru auch in Amerika Fuß fassen konnte.

Rechts: *1954 begann die Cie. Generale Automobile Parisienne mit der Herstellung von Dreiradfahrzeugen mit einem Panhard-Dyna-Motor über dem Vorderrad. Das ermöglichte ein niedriges Fahrerhaus, machte allerdings eine hohe Motorhaube nötig. Der Zweizylinder-Viertakter besaß einen Hubraum von 850 ccm. Das Getriebe hatte drei Gänge mit einer Reduktion. Die Hinterachse des Zentralrohrrahmens war durch doppelte Schraubenfedern abgefedert. Unter den verschiedenen Aufbauten wurde auch ein Kombiwagen mit neun Sitzplätzen angeboten. Ende der Fünfziger Jahre wurde die Motorhaube neu gestaltet, wie sie der abgebildete Prospekt zeigt. Anfang der sechziger Jahre wurde der Verkauf des Sherpa eingestellt.*

Unten: *Der Spezialist für Umbauten von Renault- und Peugeot-Fahrzeugen auf Allradantrieb griff hier tief in die Teilekiste von Renault. Da die Stadtverwaltung von Paris eine Verordnung erlassen hatte, das lange Lastwagen aus der Innenstadt verbannte, waren kurze Fahrzeuge mit hoher Tragfähigkeit gefragt. Mit Blechteilen der Estafette und Komponenten der Baureihe Goélette entstand dieser Mini-Camion. Verkauf und Service erfolgten über Renault.*

Oben: *1899 hatte Schuckert begonnen, Elektrotransporter zu bauen, und auch nach der Übernahme durch Siemens wurde dieser Fertigungszweig weitergeführt. 1906 wurde die Produktion von Nürnberg nach Berlin-Nonnendamm verlegt. Das Programm umfaßte Lieferwagen, Lastwagen und Busse, zeitweise waren auch benzinelektrische Fahrzeuge im Angebot.*
Dieser Zweitonner wurde 1934 bis 1939 gebaut, seine Motorleistung betrug 4 kW. Unbeladen war er 25 km/h schnell, beladen nur 19 km/h, wenn die 40-zellige Batterie gut geladen war. Die maximale Reichweite betrug je nach Batterietyp 30 bis 63 km.

Unter der seit 1925 existierenden Automarke Skoda, aus Laurin & Klement hervorgangen, entstanden neben Personenwagen auch Nutzfahrzeuge und Lieferwagen. 1952 erschien mit dem Typ 1200 die erste Nachkriegs-Neuentwicklung. Von 1961 bis 1973 wurde der 1202 gebaut, auf dessen Basis der 1203 entstand. Er hatte den gleichen Vierzylinder-Benzinmotor mit 1221 ccm Hubraum und 49 PS. Der Eintonner ähnelte in der Konzeption dem VW-Transporter. Es gab ihn unter anderem als Pritsche, Kasten, Kombi und Bus. Später wurde das Fahrzeug bei TAZ mit einem 1433-ccm-Motor weitergebaut.

Die 1933 gegründeten Standard Fahrzeugwerke baute den Kleinwagen »Maikäfer« und Dreirad-Lieferwagen. 1933 stellte man den Typ P 203 mit einen »preßluftgekühlten« 6,5-PS-Einzylinder-Zweitakter eigener Fertigung mit 194 ccm vor; die Nutzlast betrug 500 kg. Bald folgte als schwerere Version der Typ P 503 mit 494-ccm-Zweizylinder-Zweitaktmotor mit 14 PS, ebenfalls luftgekühlt. Seine Nutzlast betrug 750 kg. Die Abmessungen von Fahrerhaus und Ladefläche war bei beiden Fahrzeugen gleich. Bald folgten die ersten Vierradfahrzeuge, die Halbtonner Merkur und Hermes. Wichtigstes Modell war der Heck 504, ein Dreivierteltonner mit hinter der Hinterachse angebrachtem, luftgekühltem Zweitakt-Vierzylinder. mit 12, später 14 PS aus 454 ccm. Für Kunden, die ein steuer- und versicherungsfreies Fahrzeug wünschten, gab es den 504 Heck auch mit 198 ccm Hubraum.

Die Standard Motor Co. begann 1903 in Coventry, England mit dem Bau von Automobilen. Ab 1931 gab es auch Lieferwagenaufbauten auf Pkw-Chassis. 1945 übernahm Standard die Firma Triumph. 1959 wurde der Atlas vorgestellt, ein Frontlenker mit Komponenten der 35-PS-Limousine Standard Ten. Die Nutzlast betrug 500 bzw. 600 kg. Motor und Vorderachse befanden sich auf einer Unterkonstruktion, die für größere Reparaturen abgebaut werden konnte. 1961 folgte der Atlas Major mit stärkerem Motor. Im Lauf der Jahre wurden Nutzlast und Motorleistung ständig erhöht, bis zum Eintonner mit 2,3-Liter-Dieselmotor. 1961 wurde Standard von Leyland übernommen, und ab 1963 erhielten die schwereren Atlas-Modelle die Markenbezeichnung Leyland. 1968 wurde die Produktion in England eingestellt, seit 1965 werden Standard-Transporter auch in Indien produziert. Der Prospekt stammt von 1960.

Die Sternberg Motor Truck Co. wurde 1907 in Milwaukee, Wisconsin, gegründet. Es entstand ein Programm von Frontlenker-Lastwagen von 1 bis 5 Tonnen Nutzlast. Nach der Umbenennung in Sterling Motor Truck Co. 1916 entstanden Haubenfahrzeuge. Nur die schwersten Modelle hatten noch Kettenantrieb, die leichteren Modelle wurden auf Schneckenantrieb umgestellt. 1918 beteiligte sich Sterling an der Produktion von »Liberty«-Einheitslastwagen. Ab 1922 gab es Luftreifen bei den leichteren Modellen.

1928 wurde eine Familie von Sechszylindermotoren auf den Markt gebracht, die wegen ihrer soliden Bauweise viel zu dem guten Namen des Unternehmens beitrugen. 1930 leistete der größte Motor 185 PS und war damit der stärkste der Branche. Ein Jahr später wurde die F-Serie eingeführt. Der Sechszylinder-Benzinmotor des Eintonners FB 35 leistete 60 PS. Eine Spezialität war sein Vorwahlgetriebe. Sterling konzentrierte sich zunehmend auf extra schwere Lastwagen. 1937 entstand der Frontlenker der G-Reihe. 1939 wurde das rundere Design mit der V-förmigen Windschutzscheibe für die ganze Produktlinie übernommen. Im Zweiten Weltkrieg baute das Unternehmen überschwere Spezialfahrzeuge. 1951 übernahm White das Unternehmen. Da auch Autocar und Freightliner bald zu White gehörten, wurde die Produktion von Sterling eingestellt. Der abgebildete Prospekt stammt von 1936.

1920 als Reparaturbetrieb für Elektromotoren in Hamburg gegründet, entwickelte sich Still nach dem Zweiten Weltkrieg zum führenden Hersteller von Gabelstaplern und Elektrokarren. 1950 stellte das Unternehmen den EWL 1500 vor, einen 1,5-Tonner mit Elektroantrieb, für den die englischen Besatzungsbehörden einen Auftrag über 60 Fahrzeuge erteilten – der erste Großauftrag in der Nachkriegsgeschichte von Still. Noch im gleichen Jahr wurde das Fahrzeug in EWL 1502 umbenannt. Die beiden 40-V-Batterien mit 200 Ah waren seitlich zwischen den Rädern eingehängt. Die beiden Hauptstrommotoren hatten jeweils 2,2 kW und trieben je ein Hinterrad an. Die Nutzlast betrug 1500 kg. Mit dem Erfolg des 1952 vorgestellten dieselelektrischen Staplers verlor Still das Interesse an den Elektrotransportern. Immerhin gab es noch 1952 einen 1,4-Tonner auf der Basis des Tempo Matador. 1969 schloß sich das Unternehmen mit der Maschinenfabrik Esslingen zu den SE Fahrzeugwerken zusammen. Dieser Prospekt stammt von 1950.

Seit 1852 stellte Studebaker in South Bend, Indiana, schwere Pferdefuhrwerke her. 1902 begann die Produktion von Elektrofahrzeugen, zwei Jahre kamen Benzinfahrzeuge hinzu. Nach dem Ersten Weltkrieg konzentrierte sich Studebaker auf Personenwagen, doch ab 1925 gab es wieder Nutzfahrzeuge, die zunächst noch auf Personenwagen basierten. 1928 wurden ein 1- und ein 3-Tonner vorgestellt, Auftakt zu einen ernsthaften Nutzfahrzeugbau. Gleichzeitig erhielten Lieferwagen und Pick-ups höhere Priorität. Ab 1938 gab es einen Kurzhauber-Lieferwagen.

Als besonders gelungen galten die 1941er Pick-ups, und im Zweiten Weltkrieg baute Studebaker fast 200 000 2,5-Tonner mit Herkules-Motoren, von denen über die Hälfte per Lend-Lease-Abkommen nach Rußland ging.
Ab 1949 beschränkte man sich auf Nutzfahrzeuge bis 2 Tonnen, in den schwereren Modellen gab es einen V8-Motor. Bald gab es auch wieder schwerere Lastwagen und ab 1962 endlich auch Dieselmotoren. 1964 wurde die Nutzfahrzeugherstellung eingestellt und die Pkw-Produktion nach Kanada verlegt.

Links: *Stefanos Karakatsanis löste 1965 in Griechenland die Welle von aus Importteilen montierten Dreirädern aus, für die er in Thessaloniki die Produktion aufnahm. Er verwendete neue und auch gebrauchte Volkswagen- oder BMW-Motoren, die Hinterachsen kamen vom Ford Taunus. Das Fahrerhaus wurde in glasfaserverstärktem Kunststoff gebaut. Als die Firma Motoemil in Thessaloniki 1967 ebenfalls die Produktion solcher Fahrzeuge aufnahm, verlegte Karakatsanis seine Fertigung nach Athen. Die Produktion soll bis 1970 weitergeführt worden sein.*

Rechts: *1942 wurde in Maribor eine Fabrik gebaut, in der Flugzeugersatzteile für die deutschen Besatzungstruppen angefertigt wurden. Ab 1947 entstand dort der Pionier 3-Tonner nach Vorbild eines Praga. 1957 erwarb TAM eine Lizenz von Klöckner-Humboldt-Deutz zum Bau von Motoren und Fahrzeugkomponenten. Noch im gleichen Jahr wurde der 4500 vorgestellt, ein Magirus-Eckhauber mit 4,5 Tonnen Nutzlast und aus Deutschland importiertem Motor. 1960 wurde die erste Eigenkonstuktion vorgestellt, der TAM 2000, dessen erster Prospekt hier abgebildet ist. Der 2-Tonner hatte einen Vierzylinder-Diesel von IM, eine Perkins-Lizenz. Er leitete 55 PS. Später wurde das Fahrerhaus überarbeitet und mit einer ungeteilten Frontscheibe und einem großen, rechteckigen Kühlergrill versehen. Als TAM 2001 wird es auch heute noch in kleiner Stückzahl gebaut. TAM selbst hat infolge des Bürgerkrieges in Jugoslawien Konkurs anmelden müssen.*

Nachdem Borgward 1923 mit der Einführung seines Blitzkarrens das motorisierte Lastendreirad marktfähig gemacht hatte, gründeten die Hamburger Max und Oskar Vidal 1928 die Firma Vidal & Sohn, um ein Dreirad mit vorderer Ladepritsche (Vorderlader) zu bauen. Es entstanden die Fahrzeuge T1 und T2 mit Radlenkung der Vorderräder und 500 bzw. 600 kg Nutzlast (einschließlich Fahrer). Anfang Januar 1930 kamen der T6 mit 6 PS starkem Ilo-Motor und 500 kg Nutzlast sowie der T10 mit 10-PS-Motor und 750 kg Nutzlast hinzu. Der abgebildete Prospekt wurde 1932 verteilt Ein Hecklader mit geschlossenem Fahrerhaus war die nächste Konstruktion. Der Ingenieur Daus schuf eine Antriebseinheit, die aus Motor, tragendem Kettenkasten und Vorderrad bestand, zum Lenken als Ganzes geschwenkt wurde und mit einer Blattfeder mit dem Rohrrahmen des Fahrzeuges verbunden war. Dieses Grundprinzip behielt man für alle Tempo-Dreiräder bei. Nach ihrer PS-Leistung wurden die Typen F 6, F 9 und F 12 und ab 1934 F 7, F 10 und F 14 benannt und über 9000 mal gebaut. 1935 lösten die Typen D 200 und D 400 die F-Modelle ab, ein Jahr später folgten die Modelle E 200 und E 400 mit Eisenblech-Karosserie und 600 bzw. 750 kg Nutzlast. Die Zahlen bezogen sich dabei auf den Hubraum.
Mit besseren Straßen und steigenden Transportgeschwindigkeiten verlangten die Kunden bald auch nach preisgünstigen Vierradtransportern. So entstand 1935 der Eintonner V 600 mit Vorderradantrieb und 18-PS-Ilo-Motor. Ihm folgten die Versionen E 600 und A 600. 1938 konnten über 8000 Fahrzeuge der Baureihen A 200, A 400 und A 600 hergestellt werden. 1939 mußte Tempo den Bau des Vierradwagens einstellen; das Dreirad A 400 wurde zum alleinigen Einheitstyp.

Im August 1945 nahm Tempo die Produktion des A 400 wieder auf; bis 1951 waren die Hamburger das deutsche Lastwagenwerk mit der größten Jahresproduktion. Aus dem A 400 wurde 1949 der Dreivierteltonner Hanseat. In dem abgebildeten Prospekt von 1951 gaben begeisterte Kunden den Dreirädern die besten Referenzen.
1950 präsentierte Vidal in der 200-ccm-Klasse den Tempo Boy. Er war hatte einen Ilo-Doppelkolbenmotor mit 8 bzw. 10 PS. 1953-56 kam im Hanseat statt des Ilo-Motors ein Heinkel-Triebwerk zum Einbau. Dreiräder blieben bis 1956 im Tempo-Programm.

Links: *1949 stellte Vidal seinen neuen Vierradwagen vor: den Tempo Matador. Er besaß die komplette Antriebseinheit des VW-Käfer, nur saß sie hinter der angetriebenen Vorderachse. Als VW 1952 den Liefervertrag kündigte, traten an die Stelle des VW-Motors ein Dreizylinder-Zweitakter und ein Vierzylinder-Viertakter, beide bei Heinkel gebaut.*

Rechts: *1953 wurde der Tempo Wiking vorgestellt. Er hatte einen wassergekühlten Heinkel Zweizylinder-Zweitakter mit 17 PS aus 452 ccm und eine Nutzlast von 750 kg. Trotz seiner eher bescheidenen Motorisierung wurde er bis 1955 über 12.500 mal gebaut – der Markt für ein einfaches Stadt-Lieferfahrzeug war groß!*

Oben: *1955 beteiligte sich die Rheinstahl-Hanomag AG mit 50 Prozent am Vidal Werk, damit begann eine intensive Zusammenarbeit. Im gleichen Jahr erhielten Wiking und Matador ein neues, geräumigeres Ganzstahl-Fahrerhaus. 1957 hielt ein neuer Motor beim Tempo Einzug. Der 1,3-Tonner-Matador und der bald Rapid genannte 0,8 Tonner bekamen Austin-Vierzylinder-Viertakter mit 48 bzw. 32 PS und 1489 bzw. 948 ccm Hubraum. Der Wiking 1 mit dem 17-PS-Heinkel-Zweitakter und 850 kg Nutzlast blieb noch bis 1963 im Programm. In diesem Jahr löste der Matador E mit einem 54-PS-Austin-Benzinmotor bzw. einem 50-PS-Hanomag-Dieselmotor die Vorgängermodelle ab. Er war als 1-, 1,3- und 1,6-Tonner erhältlich. Ein neu gestaltetes Frontblech unterschied ihn von seinem Vorgänger.*
1965 verkaufte Oscar Vidal die restlichen 50 Prozent an Rheinstahl-Hanomag. 1967 wurden die Matador E zu den Hanomag-Henschel-Modellen F 20 bis F 35 weiterentwickelt. 1969 stieg Daimler-Benz bei Hanomag-Henschel ein. Ein Jahr später erhielten die F-Modelle den Mercedes-Benz-Diesel OM 615 mit 55 oder 60 PS Leistung. Bald zierte der Stern die Fahrzeuge, die dann als L 206 D und L 306 D das Mercedes-Programm nach unten abrundeten. Sie wurden bis 1980 gebaut.

Unten: *Anfang der fünfziger Jahre wurde in Indien die Bajaj-Tempo Ltd gegründet, um Tempo Dreiräder in Lizenz zu bauen. Es entstanden Kopien des Hanseat mit dem Zweitakt-Heinkel-Motor von 398 ccm. Der Dreivierteltonner wurde mit verschiedenen Aufbauten angeboten, von der Rikscha bis zum Tankwagen. Er ist heute noch in Produktion.*

Auch die Vierradlieferwagen vom Typ Wiking (dort Viking) und Matador wurden in ~~Puna~~ Poona gebaut und erlebten eine ähnliche Weiterentwicklung wie in Deutschland. Heute werden sie mit den bewährten OM 616 mit 65 PS gefertigt. Daneben gibt es den 4x4 Trax, der auch als Pick-up lieferbar ist.

1911 gründete Ford ein Zweigwerk in Manchester, England. Dort auch Lieferwagen auf der Basis des Model T und später TT gebaut. 1931 verlegte man die Produktion nach Dagenham. In den dreißiger Jahren folgten die britischen Modelle nicht mehr den schnellen Modellwechsel in den USA, sondern blieben länger bei der 1933er Form. Es entwickelte sich eine eigene Produktpolitik, die in der Einführung der Marke Thames für mittlere und schwere Ford(son)-Nutzfahrzeuge 1939 ihren Ausdruck fand.

Nach dem Zweiten Weltkrieg wurde Markenname Thames auf alle Ford-Nutzfahrzeuge britischer Produktion ausgedehnt, bis er 1965 zugunsten der Bezeichnung Ford wieder aufgegeben wurde. Einige Zeit wurden Thames-Fahrzeuge nach ihrer Nutzlast bezeichnet. Allerdings blieb es bei einigen Exportländern, wie z.B. der Schweiz, bei Fordson.

Der vom Anglia/Prefect

abgeleitete Lieferwagen hieß je nach Ausführung 250 bzw. 500; sein 1172-ccm-Vierzylinder leistete 30 PS. 1957 wurde die Frontlenkerbaureihe eingeführt, die als 10/15-cwt bezeichnet wurde. Sie erhielt einen Vierzylinder aus dem Pkw Consul mit 1702 ccm und 55/52 PS. 1960 präsentierte sich das Fahrzeug zum 800 aufgelastet. Zwei Jahre später gab es wahlweise auch einen 1,6-Liter-Perkins-Diesel. Nachfolger des 800 wurde der 1965 vorgestellte und in Dagenham entwickelte Transit, dessen Produktion im belgischen Werk in Genk erfolgte.

Dieser Prospekt wurde 1952 in England für spanischsprachige Länder gedruckt.

Links: *1937 wurde die Toyota Motor Co. gegründet. Vor dem Zweiten Weltkrieg entstanden hier schwere Lastwagen nach amerikanischem Vorbild; der erste Pkw erschien 1947. Das erste leichte Nutzfahrzeug war der 1951 vorgestellte Land Cruiser, von dem es auch einen Pick-up mit 995-ccm-Vierzylindermotor gab. Ende der fünfziger Jahre erschienen der Toyopet Stout RK 30 / 35B, der Toyo-Ace PK 20 mit 1250 kg Nutzlast und 45 PS aus 997 ccm Hubraum sowie den Toyopet Dyna RK 85 mit 60 PS aus 1453 ccm. Beide waren Semi-Frontlenker.*
Mitte der sechziger Jahre hatte der Dyna 85 PS aus 1897 ccm und 2,15 t Nutzlast. Aus dieser Zeit stammt dieser englischsprachige Prospekt, der in Japan gedruckt wurde und vom holländischen Importeur ausgegeben wurde. Bis 1970 wurde der Dyna auf 95 PS gebracht. Die Scheinwerfer waren hier in den Kühlergrill gesetzt worden. Es gab es den Wagen auch als 1,5-Tonner. Der im gleichen Jahr vorgestellte Eintonner Hi-Ace schloß die Lücke zum Pick-up.

Rechts: *Von 1959 bis 1972 wurde in Madrid der Trimak gebaut, das erfolgreichste von Lieferwagen-Dreirad Spaniens, das Mitte der sechziger Jahre auf eine Jahresproduktion bis zu 2500 Fahrzeugen kam. Mit 650 kg Nutzlast und einem luftgekühlten Einzylinder-Zweitakter von 14 PS war der Trimak ein sehr beliebtes Fahrzeug. Der Motor war eine polnische Konstruktion und wurde von Lew in Lizenz gebaut. Er saß unter der Sitzbank und trieb über eine Kardanwelle die Hinterachse an. Neben dem Wellblech-Kasten gab es auch eine Pritsche.*

Links: *1950 stellte das Triro-Werk in Möckmühl, Württemberg, einen Dreirad-Transportroller vor. Die erste Version hatte noch eine andere Haubenform und vier seitliche Luftschlitze; ein Jahr später folgte eine Haube mit vier seitlichen Schlitzen und einer Grillöffnung. Die hier abgebildete letzte Version hatte nur noch den Grill. Außerdem war die Haube etwas kürzer, was dem Fahrzeug eine vorteilhaftere Form gab. Triro rüstete das Dreirad mit einem Einzylinder-Doppelkolben-Zweitakter von Triumph aus. Er hatte 248 ccm Hubraum und zuerst 9, ab 1952 10 PS. Vom gleichen Jahr an gab es vier statt der drei Gänge. Obwohl die Produktion nach anderen Quellen bereits 1954 eingestellt worden sein soll, wurde der abgebildete Prospekt noch 1958 herausgegeben.*

Rechts: *Anfang der fünfziger Jahre wurde in Bukarest das Automobilwerk Autobuzul gebaut. Zuerst wurden dort Anhänger hergstellt, etwa 1960 entstanden dort die ersten Transporter vom Typ TV 4. Es gab dieses Fahrzeug auch als Kleinbus TV 2. Die technische Basis bildeten Komponenten vom Geländewagen Aro M 461, der wiederum ein Lizenzbau des russischen GAZ war. Der Vierzylinder hatte 2660 ccm Hubraum und leistete 70 PS. Mitte der sechziger Jahre wurde die rundliche Karosserie durch eine glattflächigere Version abgelöst; das nun als TV 41 F bezeichnete Fahrzeug ist auf dieser Werbepostkarte abgebildet. Es hatte 1250 kg Nutzlast. Der Motor leistete inzwischen 77 PS aus 2512 ccm. Die geteilte Windschutzscheibe wurde erst beim 1973 vorgestellten Nachfolger, dem TV 12 F durch eine einteilige ersetzt; dessen Benzinmotor hatte 2495 ccm und leistete 80 PS. Ab 1979 stand dann auch ein Dieselmotor zur Verfügung, ein 3120-ccm-Direkteinspritzer von 71 PS, der auf einem Fiat-Traktormotors basierte.*

Links: *1941 bis 1943 wurde das Automobilwerk Uljanovsk an der Wolga aufgebaut; ab 1947 wurden dort 1,5-Tonner von GAZ gefertigt. 1954 wurde die Produktion auf den Kübelwagen GAZ-69 bzw. GAZ-69A umgestellt, und 1958 begann die Produktion der daraus entwickelten Transporterfamilie UAZ 450, 450 A und 450 D. Wie das Basisfahrzeug waren sie allradgetrieben und damit sehr für den Einsatz auf unwegsamem Terrain geeignet. 1962 folgten die 4x2-Varianten UAZ-451 M und UAS 451-DM. Der abgebildete Prospekt mit der in kräftigen Farben gestalteten Titelgrafik ist zweisprachig, russisch/deutsch und wurde etwa 1960 herausgegeben. Der 2430-ccm-Vierzylindermotor leistete 65 PS, die Nutzlast betrug 800 kg. 1965 wurde die Nachfolger UAZ 452, UAZ 452-A und UAZ 452-D vorgestellt. Optisches Unterscheidungsmerkmal war der versetzte Kühlergrill, der nun unmittelbar über der Stoßstange und nicht mehr auf Scheinwerferhöhe saß. Die Nutzlast hatte man auf 900 kg angehoben. Der Vierzylinder mit identischem Hubraum leistete nun 74 PS.*

Rechts: *Ziel der 1905 in Puteaux bei Paris gegründeten Firma Unic war, mit möglichst vielen Gleichteilen ein Produktionsprogramm vom Personenwagen bis zum Omnibus aufzubauen. Besonders Taxis machten die Markee Unic bekannt, und im Ersten Weltkrieg bewährten sich vor allem die Ambulanzwagen dieser Firma.*
1922 wurde die Serie M1 vorgestellt, für Nutzlasten bis zu 2 Tonnen. Bald darauf folgte die Eintonner-Serie L. In den Jahren 1925 bis 1927 startete Unic einen Werbefeldzug mit Plakaten, auf denen die Camionettes von lustigen Comic-Figuren umgeben waren. Auch dieses Anzeige aus der Zeitschrift Illustration war Teil dieser Kampagne. Hier ist der L2 mit Holzspielzeug in Lebensgröße beladen. Der Eintonner hatte einen Vierzylindermotor mit 1852 ccm Hubraum und ein Vierganggetriebe.
1931 wurden die schweren Lastwagen mit Dieselmotoren nach einer Mercedes-Benz-Lizenz ausgerüstet. Nach dem Zweiten Weltkrieg konzentrierte sich Unic auf schwere Nutzfahrzeuge. 1952 wurde Simca Eigentümer von Unic, 1955 kam Ford-France hinzu. 1960 übernahm Fiat-France die Simca-Gruppe und brachte 1975 Unic in den Iveco-Konzern ein.

Nach dem Zweiten Weltkrieg setzten sich Frontlenker-Lieferwagen durch, die man durch eine seitliche Schiebetür betreten konnte. Divco hatte sehr viel für die Verbreitung dieses Konzeptes getan. Walk-Trough, Step-Van, Route-Van, Walk-in, Curb-Side, Milk-Delivery oder Mail-Delivery lauteten die Bezeichnungen für dieses Konzept. GMC stellte die Aufbauten nicht selbst her, sondern lieferte über seine Händler von der Utility Truck Corporation aufgebaute Fahrzeuge. Der abgebildete 3/4- bzw. 1-Tonner war längere Zeit im Programm. Offiziell wurde die Bezeichnung FP-152 1949 und 1950 benutzt. Damals hatte das Fahrzeug aber noch einen rundlicheren Bug. Mitte der fünfziger Jahre ging Utility zu der gezeichneten Kante am Wagenbug über. Charakteristisch war die zweigeteilte Panoramascheibe. Der Aufbau bestand ganz aus Metall; Dach und Seitenwände waren mit Glaswolle isoliert. Neben Utility wurden auch andere Aufbauhersteller mit dem Delivery-Chassis beliefert. Verkäuferunterlagen von 1952 führen acht Aufbauhersteller auf, es haben aber noch weiter Firmen solche Fahrzeuge auf GMC- bzw. Chevrolet-Cassis karossiert.

Oben: *Der ehemalige Flugzeughersteller Piaggio in Genua begann 1945 mit dem Bau von Motorrollern zu bauen, Vespa (Wespe) genannt. Als 1947 ein Transportdreirad folgte, nannte man es TriVespa. Dieser Name änderte sich später in Ape (Biene). Bei vielen Italienern hießen aber auch die Dreiräder Vespa. Auf den meisten Exportmärkten wurde Ape nicht verwendet, da die Assoziation zum Affen zu abträglich schien. Die 1948 er TriVespa hatte 5 PS und vertrug 300 kg Nutzlast. Die Antriebskraft wurde über eine Kette auf das Differential an der Hinterachse übertragen. Es gab auch einen Kastenaufbau, von dem ein Wetterschutz bis auf das Frontschild heruntergeführt war. Die Überarbeitung der Vespa 125 in Jahr 1951 kam auch der TriVespa zugute. Aus dieser Zeit stammt auch der abgebildete Prospekt.*

Unten: *Die eigentliche Ape oder ApeVespa oder Vespa Commercial wies bereits ein geschlossenes Fahrerhaus sowie einen Elektrostarter auf. Das Differential bildete mit dem Getriebe eine Einheit. Die beiden Hinterräder waren an langen Längslenkern geführt, in denen separate Antriebsketten liefen. Die Nutzlast betrug 400 kg. Außer einer Pritsche und einem Kofferaufbau gab es auch einen Kipper und einen Kombiwagen. Später folgte ein Sattelzug. Die Seitentüren des Fahrerhauses gab es gegen Aufpreis. Der Ape kamen alle Verbesserungen der Vespa zugute. Ao wurde 1954 ein neuer Motor mit 150 ccm und 5,7 PS eingeführt. 1973 gab erschien als Nachfolger des Ape der Apecar mit zweisitzigem Fahrerhaus, Radlenkung und 1500 kg Nutzlast.*

Leergewicht lag 1950 bei 990 kg. 1954, das Jahr aus dem der abgebildete Prospekt stammt, bekam der Boxer 1192 ccm und leistete 30 PS, die Nutzlast war auf 800 kg gestigen.

Ende 1945 konnte in Wolfsburg im ehemaligen KdF-Werk die Produktion des VW-Käfers aufgenommen werden. Damals lag das Schicksal des Werks in den Händen des britischen Majors Ivan Hirst. Der Bedarf an Nutzfahrzeugen veranlaßte in den letzten Kriegsjahren und in der unmittelbaren Nachkriegszeit den Bau verschiedener Behelfstransporter auf Basis des Käfers. Erst der holländische Importeur Ben Pons brachte den Entwurf eines Frontlenkers auf der Basis des Käfers zu Papier.
1950 begann die Serienfertigung des sogenannten Typ 2. Dieser Prospekt des belgischen Importeurs bezeichnet den Transporter als »Camionette«, und die Zeichnung war wesentlich realistischer als die auf den Werksprospekten.
Bereits 1951 stellte Westfalia die »Camping-Box« vor. Krankenwagen und Feuerwehrfahrzeug waren weitere Nutzungen. VW steuerte den »Samba«-Luxusbus bei und ein Jahr später das Pritschenfahrzeug mit seinem Mittelkofferraum.
Der luftgekühlte Boxermotor hatte 1950 1131 ccm Hubraum und leistete 25 PS. Die Nutzlast wurde mit 760 kg angegeben. ~~Das~~

1955 erhielt der Transporter eine Belüftung über der Frontscheibe. Dies zeigte sich das durch das vorgebaute Dach. Das ursprüngliche Modell wurde später meist als Typ 2a bezeichnet, die neue Version als Typ 2b. Allerdings wurden die ersten Transporter nachträglich oft zum T1a und T1b gemacht, spätestens als der neue Frontantriebs-Transporter als T4 bezeichnet wurde. Der Erfolg der VW-Programms machte den Bau eines Transporterwerks nötig, das 1956 in Hannover entstand. 1958 erschien die Doppelkabine, und das 1960er Modell bekam einen 34-PS-Motor, eine überarbeitete Elektrik, Startautomatik und Blinker. Der Prospekt stammt aus dem Jahr 1958. Die letzte Version der ersten Generation bekam einen 44-PS-Motor mit 1493 ccm Hubraum; die Nutzlast betrug 1000 kg.

1965 begann die Produktion des Lieferwagens »Fridolin« für die Bundespost. Auf dem freien Markt hatte der Fridolin jedoch keine Chance.
1967 erschien die zweite Generation des T2. Er war größer, leistungsfähiger und mußte nicht mehr auf Käferteile zurückgreifen. 47 PS aus 1584 ccm waren der Anfang einer kontinuierlichen Leistungssteigerung. Diese zweite Generation brachte es 1975 auf 70 PS aus 1970 ccm. Auch gab es immer mehr Spezialaufbauten. Der abgebildete Pick-up, dem ein Kofferfahrzeug zur Seite stand, war kein Aprilscherz eines Grafikers, sondern das Werk der holländischen Karosseriefabrik Kempernik in Harbrinkhoek-Almelo. Das Fahrzeug soll über holländische VW-Händler angeboten worden sein.
1975 wurde der Transporter durch den LT ergänzt. 1979 erschien der T3, komplett neu konstruiert und zwei Jahre später sogar mit Dieselmotor erhältlich.

1957 entsanden die ersten Vorserienfahrzeuge eines Transporters bei VW do Brasil in Sao Paulo. Auch in Afrika und in Australien gab es eigene Transporter-Produktionen. Dabei wurden Varianten gebaut, die bei uns gänzlich unbekannt blieben, wie dieser brasilianische Kombi aus dem Jahr 1994. Die Frontpartie der zweiten Generation hat man nahtlos an den Aufbau der ersten Generation angepaßt. Die kleinen Fenster, die schmalen Klapptüren an der Seite und sogar die gebogenen Fenster an den hinteren Fahrzeugecken – alles original erste Generation. Zum Einbau kam lange Zeit ein Boxer mit 1584 ccm Hubraum und 48 PS. 1994 hatte er einen 1600er Boxer mit 54 PS in der Benzin- und 62 PS in der Methanol-Version.

1920 gründete Arthur Ade eine Maschinenfabrik und baute ab 1928 in Waltershausen Dreirad-Transporter, die als Hecklader für Nutzlasten von 200 bis 750 kg ausgelegt waren. Nach der Beschlagnahme des Werkes im Jahre 1945, das zwischenzeitlich die Produktion eingestellt hatte, wurden vor allem Anhänger gebaut.
1956 startete die Produktion des Transportkarrens »Dieselameise« DK 2003. Daraus entstand 1960 der Multicar 21 mit einem Robur-Viertakt-Dieselmotor von 6,5 PS. Ein Jahr später wurden bereits mehrere Spezialaufbauten angeboten, vom Langmaterialnachläufer bis zum Sprengwagen. 1964 stellte das Unternehmen den Multicar 22 vor, auch mit einem geschlossenen Einmannfahrerhaus erhältlich. Die Nutzlast betrug je nach Typ 1800 bis 2000 kg. Ein Zweizylinder-Dieselmotor mit 800 ccm Hubraum und 15 PS Leistung trieb die Hinterräder über ein Vierganggetriebe an.
1974 wurde der Multicar 22 durch den größeren 24 abgelöst. Zwar behielt man das Einmann-Fahrerhaus bei, doch die Nutzlast war auf 2480 kg gestiegen. Außerdem erhielt der Multicar 24 einen Vierzylinder-Diesel mit 45 PS aus 1996 ccm Hubraum. 1978 ging man beim Multicar 25 zum Zweimann-Fahrerhaus über, auch war ein längerer Radstand erhältlich. Multicar überlebte die Wiedervereinigung und gehört heute zur Hako-Gruppe.

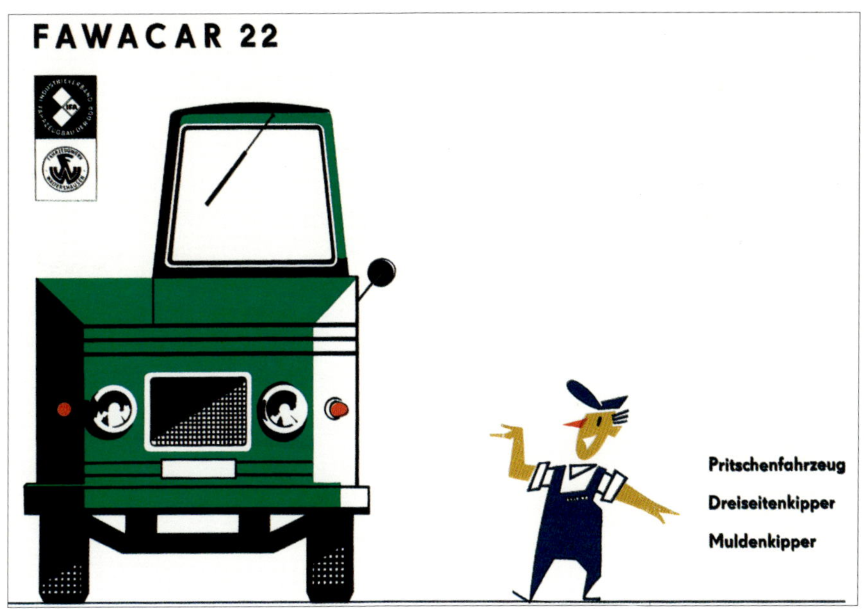

Links: *Die Draisinenbau-Firma Freund baute ab 1933 ein Vorderlader-Dreirad mit Fichtel & Sachs-Motor. 1937 folgte der Typ Wendax WL 120, ein schwereres Modell mit 7,5-PS-Ilo-Motor. 1949 wurde der Fahrzeugbau fortgesetzt; jetzt hatte der Wendax WL 200 Lenkradlenkung. Daneben gab es einen kleinen Sportwagen Wendax 700 sowie einen 1,25-Tonner als Vierradtransporter Typ WL 1200. Er wurde mit dem VW-Käfermotor von 30 PS angeboten, eingebaut hinter der Vorderachse. Volkswagen belieferte Wendax allerdings nicht – die der Presse vorgestellten Fahrzeuge waren mit gebrauchten Aggregaten ausgerüstet. Wendax meldete 1951 Vergleich an und stellte die Fahrzeugfertigung ein.*

Rechts: *Die Nähmaschinenfabrik White in Cleveland, Ohio, begann 1900 mit dem Bau von Dampffahrzeugen. Ein Jahr später entstand der erste White-Lieferwagen. Noch vor 1910 wurde daraus der erste Standard-Krankenwagen für die US-Armee entwickelt. Im gleichen Jahr begann die Fertigung von Benzin-Fahrzeugen auf der Basis des französischen Delahaye. Obwohl nach dem Ersten Weltkrieg Schwerlastwagen eine Spezialität wurden, blieben Eintonner bei White noch lange im Programm. Die leichtesten Modelle hatten bereits 1919 Luftbereifung.*
1928 gab es den luxuriösen »Urban Delivery«, dessen Fahrersitz im Stil der großen chauffeurgesteuerten Limousinen offen war. 1931 wurde ein neuer Haubenlieferwagen als Milchtransporter vorgestellt. Kennzeichnend war der hohe Aufbau dieses Typ 60-K genannten Fahrzeugs. 1939 wurde der »White Horse« präsentiert, ein Frontlenker Lieferwagen mit Schiebetür und zwei Radständen. Er hatte einen luftgekühlten Vierzylinder-Benzinmotor mit 21 PS der Firma Franklin. Das Karosseriedesign behielt White bis 1940 bei. 1940-41 wurde eine etwas überarbeitete Karosserie mit glatterer Linienführung angeboten. Nach dem Zweiten Weltkrieg konzentrierte sich White auf Schwerlastwagen.

Unten: *Der Motorradhersteller Zündapp bot ab 1926 Hecklader-Lastendreiräder auf der Basis eines 4,5-PS-Motorrades an; die Nutzlast betrug 200 kg. 1933 folgte ein Hecklader-Dreirad mit geschlossenem Fahrerhaus und einem Einzylinder des Motorrades K 200 von 6 PS.*
Eine interessante Konstruktion war der 1934 vorgestellte Vierrad-Schnelllieferwagen Typ 400: Er hatte gerade Stahlprofil-Längsträger mit geschraubten Querträgern. Der vordere Querträger war als großflächige Montageplatte für die Vorderachse mit oberem und unterem Querfederblatt ausgelegt und zur Gewichtseinsparung wie bei einem Rennwagen ausgebohrt. Der Zweizylinder-Viertaktmotor hatte 400 ccm Hubraum und 10 PS Leistung. Die Nutzlast betrug 650 kg. Alternativ gab es eine steuerfreie Version mit einem 6 PS-Einzylindermotor, den Typ L 400. 1935 erschien der verbesserte Typ 500 mit 750 kg Nutzlast und 11,5 PS aus 498 ccm. Auch der L 500 wurde alternativ mit Einzylindermotor angeboten. Mangels Markterfolg mit Nutzfahrzeugen wandte sich Zündapp dann wieder den Motorrädern zu.

Oben: *Die Landmaschinenfabrik ZMAJ in Zemun, Jugoslawien, stellte Anfang der sechziger Jahre einen 2,5-Tonner vor. Er hatte einen Vierzylinder-Diesel von der Firma IM in einer Perkins-Lizenz, 55 stark. Das Fahrzeug war auch als Kipper erhältlich. Neben dem 2,5-Tonner gab es auch Lastwagen mit 3, 3,2 und 3,5 t Nutzlast. IM-Vierzylinder mit 62 und 64 PS sowie IM-Sechszylinder mit 84 PS kamen zum Einbau. Da sich das Fahrzeug auf dem Markt gegen TAM und FAP nicht durchsetzen konnte, konzentrierte sich ZMAJ schließlich wieder auf die Produktion von Landmaschinen. Der abgebildete Prospekt wurde 1963 gedruckt.*

Das polnische Unternehmen FSC montierte unter der Marke Lublin von 1952 bis 1959 GAZ-51-Lastwagen. Bei der Entwicklung eines Transporters griff man ebenso wie Nysa auf die Technik des Personenwagens Warszawa 223 zurück, der eine Lizenzfertigung des GAZ-M 20 darstellte. Später wurden auch Bauteile vom Polski-Fiat 125 übernommen. 1958 wurde der Zuk A-11 Pritschenwagen vorgestellt. Der Vierzylinder-Benzinmotor hatte 2120 ccm Hubraum und 70 PS Leistung, die Nutzlast betrug 1025 kg. Der später vorgestellte Zuk A-11B erhielt eine modernere Fahrzeugfront mit einem größeren, rechteckigen Kühlergrill, der auch die Frontscheinwerfer einschloß. 1984 wurde der Prototyp des Nachfolgers Lublin 325 vorgestellt, ein Kurzhauber, der später als Daewoo-Lublin gebaut wurde. Der abgebildete Prospekt stammt aus dem Jahre 1968.

Weitere Ausgaben Schrader Motor-Chronik Exklusiv

Wolfgang H. Gebhardt
Ackerschlepper
Vom Deutz, Lanz und Porsche schwärmt heute noch mancher Bauer. Das waren freilich nur einige von über 100 Ackerschleppern, die in Deutschland nach dem Krieg die Hafermotoren arbeitslos machten. »Schrader-Motor-Chronik exklusiv« präsentiert die besten Geräte von Traditionsmarken wie Bautz, Daimler-Benz, Eicher, Fahr und Hanomag. Auch viele Kleinserien-Produzenten kommen zu ihrem Recht.
128 Seiten, 231 Farbbilder **Bestell-Nr. 87182**

Terry Jackson
Corvette
Die Corvette avancierte schon bald nach ihrem Erscheinen im Jahr 1953 zu einem Mythos. Mit diesem Zweisitzer sprach General Motors junge Autokäufer an, die mit einem Porsche oder Jaguar liebäugelten. Ungewöhnlich wie die Corvette war auch stets die Werbung für dieses Auto. Die Kataloge, die dieses Buch zeigt, bieten auf 128 Seiten alle Entwicklungsstufen der Corvette.
128 Seiten, 140 Farbbilder **Bestell-Nr. 87136**

Halwart Schrader
Jaguar
Die schönsten Prospekte und Anzeigen, die das Haus Jaguar im Verlauf der letzten fünf Jahrzehnte publiziert hat: Als Zeitdokumente erzählen sie zugleich die Geschichte der »Raubkatze von Coventry«. So passieren die klassischen 2,5- und 3,5-Liter-Limousinen der vierziger Jahre ebenso Revue wie die noblen Mk.V, Mk.VII und Mk.VIII.
128 Seiten, 198 Bilder, davon 178 in Farbe **Bestell-Nr. 87147**

Halwart Schrader
Mercedes-Benz
Roadster, Coupès, Cabriolets
Die sportlichen Modelle mit dem Stern sind eine Klasse für sich. Ebenso die Prospekte und Kataloge, mit denen die Untertürkheimer ihre Autos in Szene gesetzt haben. In einem erstklassigen Layout und geschrieben mit einem Schuß Benzin, präsentiert das Buch faszinierende Wagen.
128 Seiten, 203 Farbbilder, 11 Zeichnungen **Bestell-Nr. 87158**

Jeder Band der erfolgreichen Reihe »Schrader Motor-Chronik« kostet DM 49,80

Halwart Schrader/Klaus Holl
Nutzfahrzeuge
Bei einem Lastkraftwagen zählen Nutzlast und Wirtschaftlichkeit stets mehr als Geschwindigkeit und Eleganz. Trotzdem legten sich die Hersteller oft mächtig ins Zeug, wenn sie in ihren Inseraten, Katalogen und Prospekten um die Gunst der Kunden warben. Diese Chronik präsentiert die schönsten Werbemittel der letzten 100 Jahre. Und so manchen Meilenstein der Nutzfahrzeug-Historie.
128 Seiten, 237 Farbbilder **Bestell-Nr. 87166**

Halwart Schrader
BMW Sportwagen
BMW galt schon immer als erste Adresse für sportlich ambitionierte Fahrer. »Freude am Fahren« signalisierten diese Wagen seit jeher auch in der Werbung. So entstand eine erlesene Kollektion von außergewöhnlichen Prospekten und Werbemitteln. Die aussagestärksten und faszinierendsten aus der Zeit von 1936 bis 1996 sind in diesem liebevoll gestalteten Buch vereint.
128 Seiten, 200 Bilder **Bestell-Nr. 87151**

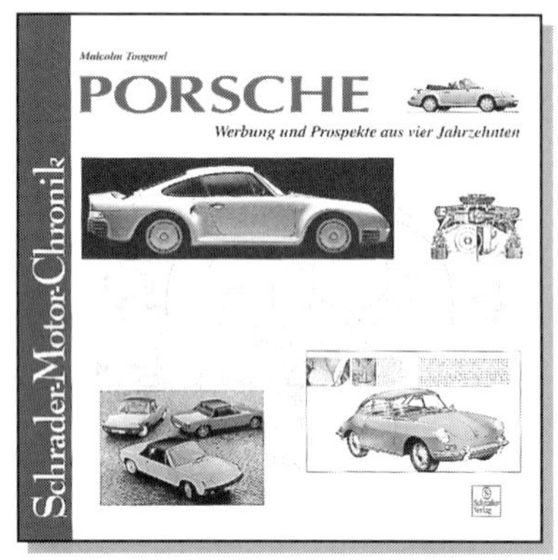

Malcolm Toogood
Porsche
Die Sportwagen der Marke Porsche werden in diesem Band in einer Fülle von fast durchweg farbigen Abbildungen als Zeitdokumente von 1948 bis heute gezeigt. Es passieren all die legendären Coupés, Cabriolets, Roadster und Targas Revue, die als rare Originale heute große Wertschätzung genießen. Ebenso ist es mit diesen Werbemitteln: Jeder der abgebildeten Kataloge ist heute ein Sammlerstück.
128 Seiten, 219 Bilder **Bestell-Nr. 87131**

Ihr Verlag für Auto-Bücher

Postfach 10 37 43 · 70032 Stuttgart
Telefon (07 11) 2108065 · Telefax (07 11) 2108070

Schrader Verlag

Stand März 1999 / Änderungen in Preis und Lieferfähigkeit vorbehalten